建築材料 ・第五版・

橘高義典
杉山　央　著

BUILDING
MATERIALS

市ヶ谷出版社

[様々な材料を組み合わせた現代建築]

東京国際フォーラム：東京都千代田区，ラフアエル・ビニオリ，
1997年
上：ガラス棟内観。撮影河東義之
下：外観。撮影新建築社写真部

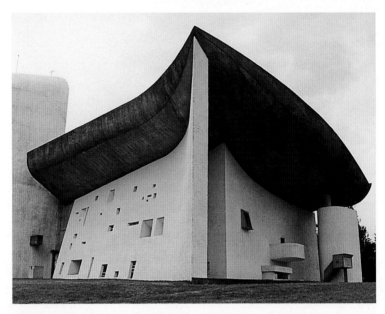

[打放しコンクリート＋石灰系材料仕上]
ロンシャン教会：ロンシャン，ル・コルビュジエ，1955年
屋根部は打放しコンクリート，外壁はしっくい塗り。

[塗　料]
住宅：サンフランシスコ
外壁の色を調和させながらさまざまに変えている。

[木造＋塗料]
日光東照宮陽明門：日光市，1636年
一部には漆が塗られている。

[木造＋しっくい塗り]
桂離宮：京都市，1620〜1645年
代表的な木造建築。

［磁器質タイル仕上げ］
全日空東京ホテル：港区、1986年
耐久性のよい磁器質タイルを使った例。

［天然石仕上げ］
シュテファン大聖堂：ウィーン、1304年〜1433年頃
ゴシック式 石造建築物。古風美が感じられる。

[レンガ＋木＋しっくい仕上]
聖ヨハネ教会堂：明治村保存、1907年
有機系材料（木材）と無機系材料（レンガ）を組合せた例。

[ガラス]
ジョン・ハンコック・タワー：ボストン、I.M.ペイ、1975年
熱線反射ガラスを使い、ミラー効果を持たせている。

［かわら＋磁器質タイル＋仕上塗材］
集合住宅：多摩ニュータウン（東京都住宅供給公社），1993年
さまざまな仕上材料を組合せた最近の例。

[インテリアに使われるさまざまな素材]
カラーコーディネートも重要となる。

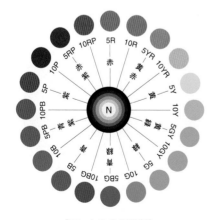

[マンセル色相分割]

(注) 印刷のため実際の色とは多少異なる。

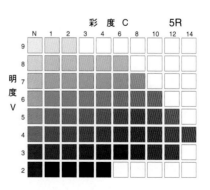

[マンセル色立体の垂直断面（同色相）
の色票配列]

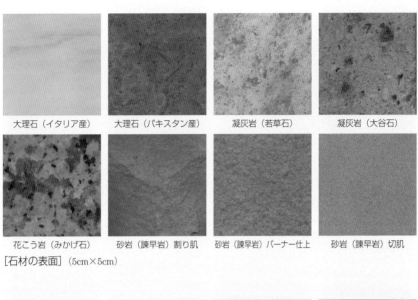

大理石（イタリア産）　大理石（パキスタン産）　凝灰岩（若草石）　凝灰岩（大谷石）

花こう岩（みかげ石）　砂岩（諫早岩）割り肌　砂岩（諫早岩）バーナー仕上　砂岩（諫早岩）切肌

［石材の表面］（5cm×5cm）

すぎ　ひのき　あかまつ　べいすぎ

なら　けやき　ぶな　かえで

きり　こくたん　チーク　コルク

［木材の表面］（5cm×5cm）

ま え が き

　建築の計画・設計・施工に際しての建築材料選定の適否は，建築物の外観・構造安全性・耐久性・機能性・居住性などに大きく影響することはいうまでもない。しかも，建築費の中で材料費の占める割合はきわめて大きいから経済性に影響するところも著しい。したがって，建築物を計画・設計・施工するに当たっては，空間の配列（プランニング）・デザイン・構造・施工計画などとともに，使用材料について，十分に検討・考慮しなければならない。そのためには，あらかじめ各材料について，その特性・品質・耐久性・形状・寸法などを知っておく必要がある。しかしながら，広範なあらゆる材料について，これらをすべて把握することは，短い学習だけでは難しい。

　本書では，建築材料の理解を容易にするために，その分類方法を主として，構造的なものから非構造的・機能的なものの順に配列し（「序章　はじめに」参照），材料の基本的な名称および機能で区分することとした。また形状・品質・外観などは簡明・端的に示し，できるだけ平易に記述した。特に口絵において実際の建築での使われ方の例および石材，木材の表面状態などを示し，本文中には図・写真を多数載せ，理解しやすいように努めた。

　本書は，**大学・専修学校・工業高等専門学校・短期大学**の建築系学科の教科書および**工業高等学校**の建築科の参考書として，建築学を学ぶ学生に十分役立つように努めた。また，**建築士・インテリアコーディネーター**等の受験準備に必要にして十分に役立つように心がけ，巻末には関連する過去問題を掲載した。

　建築材料はその範囲がきわめて広く，かつ科学の進歩や生活様式の変化・向上に伴って間断なく改良され，進歩するものである。そのため本書は，JIS，建築基準法，建築工事標準仕様書などの最新版に適応するようにした。

　なお，用語の表記にはいろいろと意見のあるところであるが，本書では原則

として「学術用語集　建築学編」(増訂版)(平成2年発行)によっている。

　本書は狩野春一博士編の旧著「建築材料」(1976年発行)をベースにし，仕入豊和博士編の「建築材料(第二版)」(1995年発行)を見直し，新たな内容に再編したものである。この場を借りて，両博士に深く謝意を表したい。また，本書での図版作成には，松沢晃一氏の協力を得た。

　本第五版は，2010年の「第四版」(新編　建築材料)の内容を見直し，新たな記述を加えるとともに，JIS，建築基準法，建築工事標準仕様書など改正・改定されたものの最新版に適応するようにした。

2024年5月

橘高　義典

杉山　央

目　　次

1

序　章
はじめに
Introduction

天然材料を用いた
B.C.2000頃の杭上住居の復元

1　建築材料の発達

　未開発時代には，手近で入手しやすい天然材料が建築に使われていた。しかし，技術の発達に伴ってしだいにこれらを加工して用いるようになり，工法および建築物の性能も進歩した。建築物が進歩し，生活が向上すると，さらに建築に適した優れた材料が要求されてくる。こうした繰り返しによって，人為的に改質・複合または創造された人工材料が生まれてきた。さらに，工業化・量産化された材料が現われ，最近は，高度技術からつくられる新素材や，それらと従来の材料を複合化した複合材など高性能材料の普及がめざましい。これらの建築材料の変遷のあらましは図１のようである。

天然材料
木・草・石・土・日干しれんが・石灰・天然アスファルト

⇩

人工材料
焼成れんが・瓦・タイル・せっこう・セメント

⇩

工業化・量産化された材料
コンクリート・ガラス・鋼・アルミニウム・プラスチック

⇩

高度技術でつくられた高性能材料
特殊金属・集成材・セラミックス・高性能コンクリート・補強ファイバー・新素材・複合材

図1　建築材料の変遷

2　建築材料の分類

　建築材料は，コンクリート・鉄・木材などの主として構造に用いられる材料から，瓦・スレートなどの屋根材料，仕上塗材・壁紙などの仕上げに用いられる材料にいたるまで，きわめて広範囲にわたっている。

　このような建築材料を学ぶには，まず全体を分類・整理することが大切である

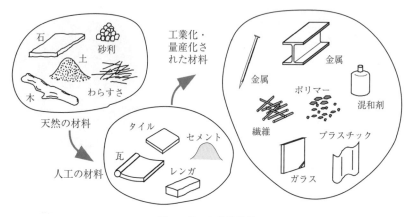

図2 様々な建築材料

が，その分類は簡単ではない。化学的組成から**有機材料**（木材・プラスチックなど炭素を含む化合物の総称）と**無機材料**（セメント・金属など炭素以外の化合物）などに分けられることがあるが，実用的には，主用途から例えば，次に示すような**構造材料**，**仕上材料**および**機能材料**に分けるのが都合がよい。

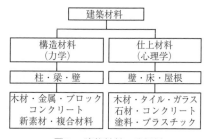

図3 建築材料の分類例

構造材料 木材・金属・セメント・コンクリート・ブロックなど

仕上材料 木材・石材・ガラス・タイル・塗料・プラスチックなど

機能材料 接着剤・防水材料・防火材料・断熱材料・音響材料など

このほか，使用部位によって，基礎材料・軸組材料・屋根材料・床材料・壁材料・天井材料・造作材料・建具材料などに分けることもできる。しかしいずれの分類方法も，一つの立場だけで，厳密な区分ではない。例えば，構造材料として例示した木材も，用途別には柱・梁のように重要な構造材料であるとともに，また，床・壁・天井・棚などの仕上材料としても用いられる。また，セメントはコンクリートとして基礎・骨組などの構造材料であるとともに，モルタルとして壁または土間・床などの仕上材料としても広い範囲に用いられる。

　本書では，セメント・コンクリート・金属・木材のように主として組成素材の名称で分類することにしたが，構造材料（第1章～第4章）→仕上材料・機能材料（第5章以後）の考えも加味して配列順序を考えた。

3　建築材料に必要な性能および性質

　建築材料は，その用途・用法により要求される性能は一様ではなく，簡単に決めることはできないが，表1は，その主なものを例示したものである。このほか，**経済性**，**リサイクル性**，地球環境に対する**環境負荷低減性**なども重要である。

　適材を適所に用いるためには，各材料の性質を十分知っておく必要がある。ただし，一つの材料で完全に目的に適するあらゆる性質を持つものはない。したがって，欠点に対する合理的な対策を講じる考え方を持つ必要がある。例えば，鋼材は構造材料としてきわめて優れた性質をもっている一方で，さびやすい，火熱に弱いなどの欠点がある。したがって，さび止め塗料・防火被覆材などについても同時に考えなければならない。

　建築材料の物理的な性質は実験的に確かめるのが最も正確であるが，経験や資料・カタログなどの情報によって知ることも大切である。建築材料としての重要な基本的性質には，密度，吸水率，熱伝導率，比熱，圧縮強度，引張強度，曲げ強度，ヤング係数，比強度などがある。建築設計での材料選定ではこれらも十分考慮する必要がある。各材料について巻末に付表として示したので参考にするとよい。

表1　建築材料の所要の性能

材　　　　　料		材料に要求される主な性能
構　造　材　料		強度が高く均質で，耐火性・耐久性に優れている。軽くて大材が得やすい。加工が容易である。
仕上・機能材料	屋　根　材　料	水密・軽量で，耐火性・耐久性に優れている。熱伝導性が小さい。外観が美しい。
	壁・天井仕上材	外観が美しく，熱・音の遮断性に富む。耐火性・耐久性に優れている。施工が容易である。
	床　仕　上　材　料	弾力性があり，磨耗・すべりが小さく，掃除が容易。外観が美しい。耐火性・耐久性に優れている。
	建具・造作材料	外観が美しく，加工性が大きく，変形が少ない。耐火性・耐久性に優れている。

4　建築材料と規格

　建築基準法の第37条では建築材料の品質が定められており，そこでは，「建築物に用いられる建築材料（指定建築材料という）は，日本産業規格または日本農林規格に適合するもの，あるいは国土交通大臣の認定を受けたものに該当するものでなければならない」とされている。

　多種多様な建築材料について，各材料の呼び方・品質・形状・寸法などを標準化して，消費者や生産者の便に供するものとして**日本産業規格**（JIS：Japanese Industrial Standard）が制定されている（2020年名称変更以前は日本工業規格と表した）。

　JIS は「JIS A 5416 - 2016 軽量気泡コンクリートパネル」のように，その品目の前にローマ字と規格番号とが付けられ，制定あるいは改正された年を付記する（本書では年は省略する）。ローマ字は，生産または消費の主要部門を示し，例えば，A は土木・建築部門，R は窯業部門，G は鉄鋼部門，K は化学部門である。

　規格の制定された材料については，**JIS マーク表示制度**があり，規格に適合した材料は，国により登録を受けた民間の第三者機関（登録認証機関）から認証を受けることによって JIS マーク（⒥⒮）を表示することができる。この場合，材料の生産工場の設備・管理などが，常に規格に適合する材料を生産できる状態に整っていなければならない。

　なお，JIS は消費者・生産者・学識経験者などの合議によって審議制定され，制定後少なくとも 5 年を経過するまでに確認，見直し，改正が行われる。JIS を利用するときは，最新であるかどうかを確かめることが望ましい。

　JIS のほかに，建築用木材，合板などの木材関係規格として**日本農林規格**（JAS：Japanese Agricultural Standard）がある。

　JIS や JAS に適合した材料であっても，用法が不適切だとよい建築とはならない。そこで，日本建築学会では一般的な建築工事での材料の扱い方や，施工法などについて具体的な要領を示した**建築工事標準仕様書**（JASS：Japanese Architectural Standard Specification）を設けている。JASS には，表 2 に示すものがある。一般の建築工事はこれに従って進められている。また，特に官庁施設などの工事について示した，国土交通省大臣官房官庁営繕部監修による**公共建築工事標準仕様書**がある。改修工事に関しては，日本建築学会の「**建築保全標**

準」，国土交通省の「公共建築改修工事標準仕様書」などがある。

建築材料に関連する国際的な規格・組織等には，ISO（International Organization for Standardization，国際標準化機構，本部ジュネーブ），BS（British Standards，英国規格），DIN（Deutsche Industrie Normen，ドイツ工業規格），RILEM（国際材料構造試験研究機関連合），ASTM（American Society for Testing and Materials，米国試験材料協会が定める国際規格）などがある。

表2　建築工事標準仕様書（JASS）・同解説

No.	内　　　容	No.	内　　　容
1	一般共通事項	15	左官工事
2	仮設工事	16	建具工事
3	土工事および山留め工事	17	ガラス工事
4	地業および基礎スラブ工事	18	塗装工事
5	鉄筋コンクリート工事	19	陶磁器質タイル張り工事
5N	原子力発電所施設における鉄筋	20	プラスチック工事
	コンクリート工事	21	ALCパネル工事
6	鉄骨工事	22	雑工事
7	メーソンリー工事	23	吹付け工事
8	防水工事	24	断熱工事
9	張り石工事	25	ユニット類工事
10	プレキャスト鉄筋コンクリート	26	内装工事
	工事	27	乾式外壁工事
11	木工事	101	電気設備工事一般共通事項
12	屋根工事	102	電力設備工事
13	金属工事	103	通信設備工事
14	カーテンウォール工事		

第1章
セメント
Cement

セメントの原料
粘土（左上），鉄滓（右上），石灰石（右下）

　セメントの大きな特徴は，水と常温で反応し強固な硬化体となることである。中国では約5000年前に石灰石を焼くことでセメントを作り，使用していたといわれる。今日のセメントは，1824年に J.アスプディン(1778〜1855)が，ポルトランドセメント（ポルトランド島の白石の色に似ていた）の特許を取得したもので，我が国では，原料となる石灰岩が豊富であり，今日に至るまでセメント生産の技術・量ともに著しく発展し，近代建築に欠くことのできない建築素材となっている。

1・1　種類と製法

1・1・1　概　要

　セメントに水を加え，必要に応じて混和材料を混入したものを**セメントペースト**という。これを接着剤（バインダー）とし，砂，砂利，繊維などの様々な材料を複合させることで，コンクリート，各種コンクリート製品，左官材料，パネル材などとして使用される（図1・1）。

　セメントの主成分は，**生石灰**（CaO），**けい酸**（SiO_2），**アルミナ**（Al_2O_3），**酸化第二鉄**（Fe_2O_3）などの酸化物である。これらは，**石灰石**（主に$CaCO_3$），**粘土**と鉄滓などを粉末混合し，高温で焼成してつくられる。

図1・1　セメントの使われ方

セメントに水を加えると，**化学反応（水和反応）**により硬化する。セメントの主要成分であるCaOは水和反応によって**水酸化カルシウム**（$Ca(OH)_2$）などの水和生成物となる。さらに，水酸化カルシウムは空気中の**炭酸ガス**（CO_2）と長い年月の間に徐々に反応して中性化し，最終的には**炭酸カルシウム**（$CaCO_3$）となる。これらの循環を模式化すると図

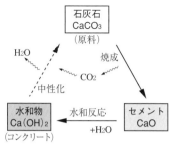

図1・2　セメント中のCa成分の循環の概略（模式図）

1・2のとおりであり，セメント硬化体の一部はセメントの原料としてリサイクルが可能である。

1・1・2　種　　　類

セメントは，成分・性質・主な用途などによって表1・1のように分類できる。

(1)　ポルトランドセメント

ポルトランドセメントは，石灰石，粘土，珪石などを原料として製造される一般的なセメントである。組成化合物の割合や粉末度（比表面積）の違いにより，普通，早強，超早強，中庸熱，低熱，耐硫酸塩の6種類に分けられる。

(2)　混合セメント

混合セメントは，ポルトランドセメントに混合物を加えたもので，鉄を作るときに副次的に産出される高炉スラグを混合した**高炉セメント**，火力発電所で石炭を燃焼させた際に排出される灰であるフライアッシュを混合した**フライアッシュセメント**などがある。高炉セメントは，高炉スラグの分量（質量%）によってA種（5を超え30以下），B種（30を超え60以下），C種（60を超え70以下）に分類される。フライアッシュセメントも，フライアッシュの分量（質量%）によってA種（5を超え10以下），B種（10を超え20以下），C種（20を超え30以下）に分類される。

1・1・3　製　　　法

ポルトランドセメントは，粘土と石灰石を主原料とし，これらを粉末状にして適当な割合に調合・混和し，約1400℃で焼成して得た**クリンカー**に，3～5%のせっ

表1・1 セメントの種類と主な用途

	種　　　　類	特　　　　徴	主な用途
ポルトランドセメント	普通ポルトランドセメント (JIS R 5210)	標準的な性質をもつ一般的なセメント。	建築・土木の各工事一般，コンクリート製品，左官材料
	早強ポルトランドセメント (JIS R 5210)	普通ポルトランドセメントよりも粉末度が高く，C_3Sが多く，早期に強度を発現する。水和熱が大きい。	プレストレストコンクリート，工期を急ぐ工事や寒冷期の工事，コンクリート製品
	超早強ポルトランドセメント (JIS R 5210)	早強ポルトランドセメントよりも粉末度が高く，C_3Sが多く，さらに早期に強度を発現する。水和熱が大きい。	緊急工事，寒中工事，グラウト用
	中庸熱ポルトランドセメント (JIS R 5210)	C_3SとC_3Aを減じ，C_2Sを多くし，水和熱が小さい。初期強度は低いが，長期強度は高い。	巨大な建築物の基礎や，ダムなどのマスコンクリート
	低熱ポルトランドセメント (JIS R 5210)	中庸熱ポルトランドセメントよりもさらにC_2Sが多く，水和熱が小さい。	マスコンクリート，高強度コンクリート，高流動コンクリート
	耐硫酸塩ポルトランドセメント (JIS R 5210)	硫酸塩の浸食作用に対する抵抗性が大きい。	硫酸塩を含む海水や鉱泉水・地下水などに接するコンクリート
混合セメント	高炉セメント A種・B種・C種 (JIS R 5211)	潜在水硬性のある高炉スラグを混合。初期強度は低いが，長期強度は高い。化学抵抗性，耐熱性，アルカリ骨材反応抵抗性に優れる。	マスコンクリート，暑中コンクリート，海水や熱の作用を受けるコンクリート，土中コンクリート
	シリカセメント A種・B種・C種 (JIS R 5212)	ポゾラン反応性を有するシリカ質の粉末であるけい石などを混合。水和熱が小さい。水密性・耐久性が良好。化学抵抗性が大きい。単位水量が増す。中性化が早い。	オートクレーブ養生をするコンクリート製品，左官工事
	フライアッシュセメント A種・B種・C種 (JIS R 5213)	ポゾラン反応性を有するフライアッシュ（石炭・石油熱焼灰）を混合。水和熱が小さい。初期強度は低いが，長期強度は高い。収縮が小さい。水密性や化学抵抗性が大きい。流動性がよく，単位水量を減らせる。	プレパックドコンクリート，注入モルタル，ダムなどのマスコンクリート
その他	特殊なセメントとして，超速硬セメント・膨張セメント・白色セメント・アルミナセメント・超微粒子セメント・油井（ゆせい）セメント，エコセメント（JIS R 5214）などがある。		

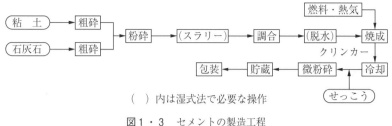

燃料・熱気
粘　土
粗砕
石灰石
粗砕
粉砕
(スラリー)
調合
(脱水)
焼成
クリンカー
冷却
微粉砕
貯蔵
包装
せっこう
(　)内は湿式法で必要な操作

図1・3　セメントの製造工程

こう（$CaSO_4$）を凝結時間調整剤として加え，微粉砕する。その製造工程を示すと，図1・3のようになる。近年は，原料として産業廃棄物を加えるようになった。

1・2　化学成分と水硬性

1・2・1　化　学　成　分

ポルトランドセメントの主成分であるCaO，SiO_2，Al_2O_3およびFe_2O_3は，セメントの製造過程における焼成でC_3S，C_2S，C_3A，C_4AFなどを形成する。これらはセメントの組成化合物を表す略号であり，CはCaO，SはSiO_2，AはAl_2O_3，FはFe_2O_3を表している。

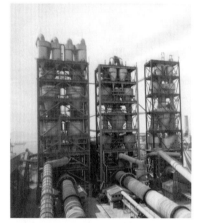

図1・4　セメント焼成装置
（手前の太い円筒がロータリーキルン）

1・2・2　水　　硬　　性

(1)　水 和 反 応

セメントの化合物は，水と化学反応（**水和反応**）を起こし，複雑な水和生成物を生じる。それらの主なものは図1・5のようであり，CSHゲルや水酸化カルシ

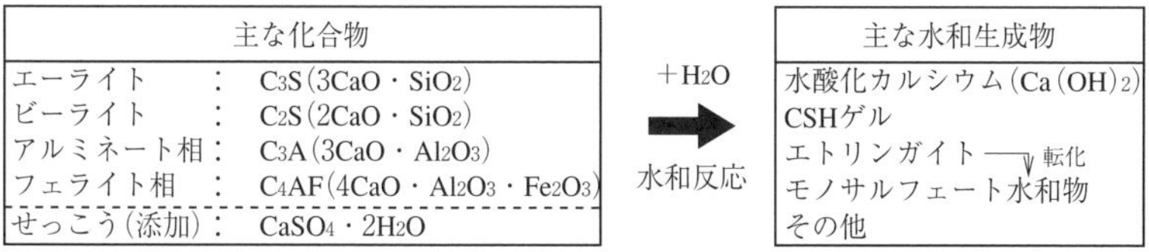

主な化合物
エーライト　：　$C_3S(3CaO\cdot SiO_2)$
ビーライト　：　$C_2S(2CaO\cdot SiO_2)$
アルミネート相：　$C_3A(3CaO\cdot Al_2O_3)$
フェライト相　：　$C_4AF(4CaO\cdot Al_2O_3\cdot Fe_2O_3)$
せっこう(添加)：　$CaSO_4\cdot 2H_2O$
$+H_2O$
水和反応
主な水和生成物
水酸化カルシウム($Ca(OH)_2$)
CSHゲル
エトリンガイト
転化
モノサルフェート水和物
その他

図1・5　ポルトランドセメントの化合物および水和生成物

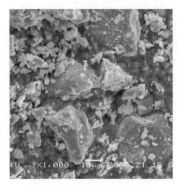

図1・6 セメント粒子

図1・7 水を加えて1日後のセメント水和生成物
（針状の結晶はエトリンガイト）

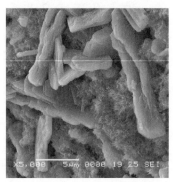

図1・8 水を加えて28日後のセメント水和生成物
（六角板状の結晶は水酸化カルシウム、多数のトゲ状部分はCSHゲル。エトリンガイトは転化しており存在しない。）

ウム（$Ca(OH)_2$）などがある。図1・6，1・7および1・8はそれらの電子顕微鏡写真である。セメントに適量の水を加えてかき混ぜたセメントペーストは，水和反応により徐々に粘性を増し，粒子は互いに粘着して流動性を失い，固形体となって**凝結**する。凝結が終わったセメント固形体は，しだいに組織を硬くして強さを増す。この状態を**硬化**という。セメントの水和反応のように，水と反応し固体として硬化していく性質を**水硬性**という。

水和反応は，C_3A が最も速く，C_3S がこれに次ぎ，C_2S はきわめて遅い。したがって，C_3A の多いものほど早期（1日以内）に強さが発現する。C_3S は1日〜4週（1か月）の強さ，また C_2S は1か月以降長期の強さ発現の主因となる。ただし，強さ発現が早いほど，長期強さの増進が停滞する傾向がある。なお，C_4AF は強さ発現にあまり寄与しない。

(2) 水 和 熱

セメントペーストは，水和反応に伴って**水和熱**を発生し，温度が上がる。水和熱の大きさは，$C_3A>C_3S>C_4AF>C_2S$ の順になる。

水和熱は，場合によっては凝結および硬化の促進に役立つが，ダム，基礎など

の部材厚の大きいマスコンクリートでは，内部に水和熱が蓄積されることにより，温度上昇が生じる。やがて，外気により冷却されるが，表面部の方が早く温度が下がるため，**温度ひび割れ**と呼ばれるひび割れを起こすことがある。したがって，この場合には発熱量の少ない中庸熱あるいは低熱ポルトランドセメントを用いることが多い。

1・3　性　　　質

1・3・1　粉　末　度

　今日市販されている普通ポルトランドセメントの密度は約 3.15 g/cm³ である。通常は，セメント粒子間に空げきがあるため，単位容積質量は 1.5 kg/l 前後である。

　セメントの**粉末度**（粒子の細かさ）は，セメント 1 g 当たりの全表面積を示す**比表面積**（cm²/g）で表す。比表面積の値が大きいほど粉末度は高い。粉末度が高いものほど水と接する面積が大きいため，水和反応が速い。したがって，凝結および強さが増進する割合も大きくなる。しかし，保存中に空気中の湿気を吸着しやすく，徐々に水和反応を起こしてしだいに粒状となり，さらに塊状に固まって強さが減少する**風化**と呼ばれる現象が促進されるので，保存法に注意し，湿気の少ない場所に保存する必要がある。ポルトランドセメントの比表面積は，普通が 2500 cm²/g以上，早強が 3300 cm²/g以上，超早強が 4000 cm²/g以上となっている。

1・3・2　凝　　　結

　普通ポルトランドセメントの凝結は，加水後約 2 時間（始発）から 4 時間（終結）の間に起こるが，せっこうの混合量が増すにつれて遅くなり，ある限度を越すと再び速くなる。その適当な範囲は 3 〜 5 ％である。凝結時間は始発と終結とについてビカー針装置を用い，針の貫入度で測る。凝結時間中に異常な凝結を起こし，急に固くなる場合がある。これには，一時的なもので再練混ぜにより解消する**偽凝結**と，セメントの風化，有機物の混入などによる**異常凝結**がある。後者は，コンクリートの流動性の低下，強度の低下，ひび割れ発生など悪い影響を及ぼす。

1・3・3 安 定 性

セメントの組織が不安定な場合に，セメントペーストは膨張ひび割れや変形が生じる場合がある。図1・9(a)は，養生中の不注意からくる急激な乾燥などによって生じた**収縮ひび割れ**であり，図1・9(b)は，セメント組織の不安定が原因となって生じた**膨張ひび割れ**であり亀甲状になる。

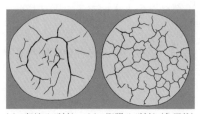

(a) 収縮ひび割れ　(b) 膨張ひび割れ(亀甲状)

図1・9　セメントペーストのひび割れ

1・3・4 強 さ

セメントの強さは，セメントの種類に影響され，特にその発現の早さが異なる。図1・10は，その傾向を示した例である。なお，**材齢**とはセメントと水を練り混ぜた時点からの経過時間である。

また，粉末度が高いほど強さの発現は早く，コンクリートとした場合も，同様である。セメントの強さは初期に急激に増加し，徐々に増加の割合が低下するが，強さはのび続ける。

セメントの強さの試験法はJIS R 5210に定められており，セメントと標準砂との質量比を1：3とした水セメント比50％のモルタルの圧縮強度で表す。

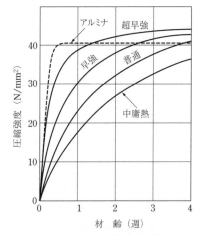

図1・10　セメントの種類と圧縮強度の例（水中養生の場合）

1・3・5 色

セメントの色はコンクリート表面の色に影響を及ぼす。セメント中の酸化第二鉄（Fe_2O_3）の量が多いと黒みを増す。白色セメントでは，Fe_2O_3などの呈色成分を少なくしている。顔料を混ぜた着色セメントもある。

第2章
コンクリート
Concrete

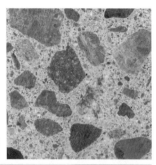

コンクリートの断面
骨材とペースト部からなる

ローマ時代のコンクリートは，主に橋やドームなどに組積材料の代替として使われていた。フランス人の造園家モニエ（1823〜1906）が，モルタルの植木鉢を金網で補強する方法から鉄筋コンクリートを発明した。引張に弱いコンクリートは鉄筋により補強され，セメントのアルカリ分によって鉄筋もさびないという相互扶助効果が鉄筋コンクリートの大きな特徴である。その後，アンネビック（1843〜1924）によって鉄筋コンクリート部材の設計法が確立され，オーギュスト・ペレ（1874〜1954）によって打放しコンクリートの技法が建築に取り入れられ，多くの鉄筋コンクリート構造物がつくられた。今日，コンクリートは鋼材とともに建築用構造材料として不可欠のものとなっている。

コンクリートの語源は Con-crete（共に-つくる）といわれており，異種材料を複合させた材料と広義にとれる。また，Concrete（英）には本来の「固まる」の他に「具体的」という意味もあるが，今日，建物・橋・ダム・堤防・岸壁と様々な用途に使われ，我々の生活をまさに具体的に支える素材である。

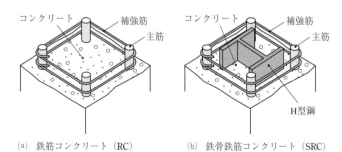

(a) 鉄筋コンクリート（RC）　　(b) 鉄骨鉄筋コンクリート（SRC）

図2・1　RC および SRC の柱

2・1 特　　徴

コンクリートとは，**セメント，水，細骨材**（砂），**粗骨材**（砂利・砕石）および必要に応じて**混和材料**を構成材料としてこれらを練り混ぜたもの，または硬化させたものである。特に，まだ固まらない状態にあるコンクリートを**フレッシュコンクリート**，混和材料を用いないコンクリートを**プレーンコンクリート**という。モルタルは，コンクリートから粗骨材を除いたものである。

図2・2　コンクリートの定義

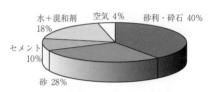

図2・3　普通コンクリートの構成例（容積比）

砂・砂利，砕砂・砕石などの普通骨材を用いて作られる単位容積質量が2.3 t/m³ 前後のコンクリートを**普通コンクリート**という。普通コンクリートの構成例を図2・3に示す。

コンクリートの特徴としては，1）圧縮強度，剛性が高い，2）耐久性がよい，3）成形性がよい，4）経済性に優れる，5）材料を入手しやすい，6）水により簡

表2・1　鉄筋コンクリートの特徴

	コンクリート	鉄筋
引張	×	○
圧縮	○	×
錆	○	×
熱	○	×

単に硬化する，7）耐火性がある，8）鋼材との相性がよい，などがある。一方で，短所として，1）圧縮強度に対して引張強度が低い，2）ひび割れが生じやすい，3）比強度が小さく構造物の重量が大きくなる，4）解体・廃棄が困難，5）性質が施工に大きく影響される，などがある。

鉄筋コンクリートでは，コンクリートと鉄筋が互いの弱点を補い合っている（表2・1）。

現在，建築工事に用いられるコンクリートは，そのほとんどが生コン工場で製造され，まだ固まらない状態のまま使用現場にアジテータトラックなどで運搬される。このようなコンクリートを**レディーミクストコンクリート**（ready-mixed concrete）といい，品質がJISで規定されている（JIS A 5308）。

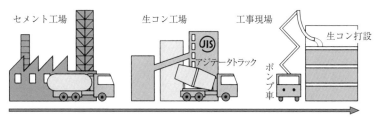

図2・4　レディーミクストコンクリートの流れ

2・2　構 成 材 料

2・2・1　セメントと水

　セメントには，JISに適合したポルトランドセメントまたは混合セメントが用いられる。水はコンクリートの硬化性状，鉄筋の発錆などに影響を及ぼす。上水道はそのまま用いてよいが，井戸水または川水などは，清浄で，有害量の油・酸・塩類，有機物を含まないものを用いる。レディーミクストコンクリート工場やミキサなどの洗い排水から骨材を除いた水を**回収水**といい，一定の基準を満たすものは練混ぜ水として再使用できる。

2・2・2　骨　　　　材

　骨材の品質がコンクリートに及ぼす影響は大きい。よい骨材とは，物理的・化学的に安定で，強度が高く適度な粒形・粒度分布を有し，セメントの硬化に有害な不純物・塩分などを多く含まないものである。近年は良質の天然骨材が枯渇しているため，骨材を再利用する**再生骨材**なども使われている。

　骨材は，5 mmふるいを85％以上通過するものを**細骨材**，85％以上とどまるものを**粗骨材**という。また，質量で骨材の90％以上が通るふるいのうち，最小寸法のふるいで示される粗骨材の寸法を**粗骨材の最大寸法**という。

　骨材は，**天然骨材**と**人工骨材**に分けられる。天然骨材には，川砂・川砂利，山砂・山砂利，天然軽量骨材などがある。人工骨材には，砕砂・砕石，人工軽量骨材，スラグ骨材，重量骨材などがある。

　川砂・川砂利は，耐久性が高く，その形状も丸みをおびており，コンクリートの練混ぜ時の流動性もよく理想的な骨材である。逆に偏平なものや細長いもの，角がとがったものはよくない。石英質の骨材は硬く良質であり，高強度・超高強

度コンクリートなどに用いられる。

　砕砂・砕石は，形状が角ばっており，練混ぜ時の流動性はやや悪い。ペーストとの付着性はよい。

(1) 密　　度

　一般に骨材の密度が大きい場合は骨材の強度も高い。一般的な骨材の密度は約2.6（g/cm³），人工軽量骨材は1.2〜1.8（g/cm³）である。骨材の密度は以下により表す。

　　絶乾密度＝絶乾状態の質量／表乾状
　　　　　　態の容積（g/cm³）

　　表乾密度＝表乾状態の質量／表乾状
　　　　　　態の容積（g/cm³）

(2) 骨材の含水状態

　骨材は乾いた状態から濡れた状態まであり，練混ぜ時にコンクリートの水量に影響を及ぼす。したがって，あらかじめ骨材の水分量を知る必要がある。

　骨材の含水状態は，図2・8に示したように，完全に乾いた**絶乾状態**から，**気乾状態**，**表乾状態**，**湿潤状態**まで変化する。**表乾状態**は**表面乾燥飽水状態**という意味であり，表面は乾燥しているが内部は十分に吸水している状態である。十分練り混ぜられたコンクリート中の骨材はこの状態とみなせる。調合設計での単位水量は，骨材が表乾状態にあることを基準に決めているので，現場調合での実際の水量は有効吸水率や表面水率を補正して求めなければならない。

図2・5　川　砂　利

図2・6　砕　　石

図2・7　再　生　骨　材

　　含水率＝含水量／絶乾質量×100（％）

　　吸水率＝吸水量／絶乾質量×100（％）

　　有効吸水率＝有効吸水量／絶乾質量×100（％）

　　表面水率＝表面水量／表乾質量×100（％）

　一般に骨材の吸水率が大きいほど密度は小さく，すりへりなどによる減量が大きい。JASS 5（日本建築学会編「鉄筋コンクリート工事標準仕様書」）では，砂利の吸水率は3.0％以下，砂の吸水率は3.5％以下と規定している。

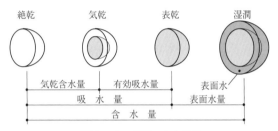

図2・8　骨材の含水状態

(3) 単位容積質量・実積率

　単位容積質量は，容器に満たした骨材の質量を容器の容積で除したものである。**実積率**は，容器に満たした骨材の絶対容積のその容器の容積に対する百分率（％）のことであり，骨材が容器にどの程度すきまなく詰まるか（図2・9）を表す指標である。

 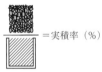

＝実積率（％）

図2・9　実　積　率

　　単位容積質量＝容器内の骨材の絶乾質量／容器の容積（kg/l）

　　実積率＝単位容積質量／骨材の絶乾密度×100（％）

　骨材の粒度が適度に分散し粒度分布がよいほど，単位容積質量および実積率とも大きくなる。砂の単位容積質量は約1.5（細砂）〜1.8（粗砂）kg/l，砂利は1.6〜1.8 kg/l である。軽量骨材は細骨材 0.65〜1.25 kg/l，粗骨材 0.5〜0.8 kg/l である。砂および砂利の実積率は，単独では 55〜70 ％だが，これらを混ぜ合わせると最大では約 80 ％までになる。

(4) 粒　　　　度

　粒度は骨材の粒径の分布状態をいい，標準ふるいでふるい分け試験を行い，各ふるいにとどまるもの，あるいは通過するものの質量百分率で表す。細骨材の粒

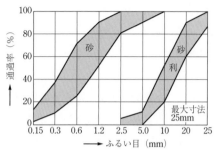

図2・10　骨材の標準粒度範囲
（アミの中にはいるものはよい）

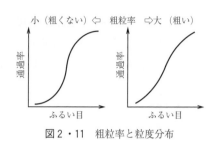

図2・11　粗粒率と粒度分布

度はフレッシュコンクリートのワーカビリティー（作業性），空気量，ブリーディング量などに影響を及ぼす。図2・10は，JASS 5に定められた骨材粒度分布の標準を図示したものである。

　また，骨材の粒度を表す指標に**粗粒率**（**FM**：Finess Modulus）がある。この値が大きいほど粒度が粗くなる。細骨材の場合，これが約3以上のものを粗砂，3〜2を中砂，2以下を微砂と考えてよい。粗骨材は7〜8となる。

粗粒率（FM）＝（0.15, 0.3, 0.6, 1.2, 2.5, 5, 10, 20, 40mmの各ふるいにとどまる骨材の全骨材に対する質量百分率の総和）／100

表2・2　骨材の標準粒度

(a)　粗骨材

粗骨材の最大寸法 ／ ふるいの呼び寸法	ふるいを通るものの質量百分率（%）								
	50	40	30	25	20	15	10	5	2.5
40mm	100	95〜100	—	—	35〜70	—	10〜30	0〜5	
25mm			100	90〜100	—	30〜70	—	0〜10	0〜5
20mm				100	90〜100	—	20〜55	0〜10	0〜5

(b)　細骨材

ふるいの呼び寸法（mm）	ふるいを通るものの質量百分率（%）						
	10	5	2.5	1.2	0.6	0.3	0.15
砂	100	90〜100	80〜100	50〜90	25〜65	10〜35	2〜10

⑸ 骨材の品質

細骨材が塩分を含んでいると，鉄筋がさび，耐久性が大きく低下する。**塩化物**の許容量は，細骨材の絶乾質量に対する NaCl あるいは Cl⁻ の割合で示され，JASS 5 では通常，骨材中の NaCl 量が 0.04 ％以下と規定されている。また，骨材中に，アルカリ骨材反応を生じる物質，化学的あるいは物理的に不安定な鉱物が含まれていると，コンクリートの劣化の原因になる。

2・2・3 混 和 材 料

セメント・コンクリートの性質を改善するために**混和材料**が用いられる。混和材料の作用・効果は，使用量，セメントの種類などによって異なり，条件によっては有害な場合もあるため，十分注意する必要がある。混和材料には，使用量が少なくコンクリートの容積に算入されない**化学混和剤**（混和剤と略記される場合もある）と，使用量が比較的多くコンクリートの容積に算入される**混和材**との 2 種類がある。

⑴ A E 剤

樹脂質または油脂せっけん質の起泡剤で，これを添加して練り混ぜると，コンクリート中に無数の微細気泡ができる。これを**連行空気（エントレインドエア：entrained air）**という。気泡のボールベアリングのような作用でコンクリートは軟らかさが増し，ワーカビリティーが改善される。また，凍結融解作用に対する抵抗性が向上し耐久性がよくなる。

⑵ 減水剤・AE 減水剤

減水剤は，静電気的な反発作用によりセメント粒子を分散させ，セメントペーストの流動性を増大させる効果がある。コンクリートに添加すると，同じ軟らかさを得るのに必要な水量を減少することができる。減水剤に AE 剤を加えたものが **AE 減水剤**である。所要のスランプを得るための単位水量は，プレーンコンクリートに比較して，減水剤の場合 4 〜 6 ％，AE 減水剤の場合は 12〜16 ％程度減少できる。

⑶ 高性能減水剤・高性能AE減水剤

高性能減水剤は，減水剤よりも高い減水性能および良好なスランプ保持性能を

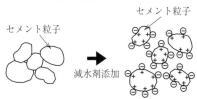

図 2・12 高性能 AE 減水剤によるセメント粒子の分散

もつ混和剤。静電気的な反発力以外に吸着層の反発効果があるといわれている（図2・12）。高性能減水剤に空気連行性能を付加したものを**高性能AE減水剤**という。近年，高性能を有する高強度コンクリート，高流動コンクリートなどに使われている。

(4)　**流 動 化 剤**

施工現場に運搬したコンクリートに，あとから添加し，流動性を増大させることを目的として用いられる混和剤である。その作用原理は減水剤と同じであるが，同じ流動性を得るのに必要な単位水量の減少率が通常の減水剤より大きい。

(5)　**凝結遅延剤・急結剤**

凝結遅延剤はセメントの水和反応を遅らせ，凝結に要する時間を長くするために用いる混和剤である。水槽，サイロなど連続打ち込みを必要とするコンクリートに使われる。**急結剤**は，セメントの凝結時間を著しく速くする。止水，補修，吹付けコンクリートなどに使われる。

(6)　**高炉スラグ微粉末**

鉄を作るときに副次的に産出される高炉スラグを水で急冷し，粉砕したものである。アルカリ性物質の刺激によって水和反応，硬化する**潜在水硬性**を有する。高炉セメントではセメント製造過程で高炉スラグを混合するが，コンクリート練混ぜ時に混和材として高炉スラグ微粉末を混合する使用方法もある。

(7)　**フライアッシュ**

火力発電所で石炭を燃焼させた際に排出される灰である。水酸化カルシウムと反応して硬化する**ポゾラン反応性**を有する。フライアッシュセメントではセメント製造過程でフライアッシュを混合するが，コンクリート練混ぜ時に混和材としてフライアッシュを混合する使用方法もある。

(8)　**シリカフューム**

シリコンの精錬過程で発生する副産物であるシリカ系の超微粒子である。粒径がセメント粒子の1/100以下であり，セメント粒子の間に充てんするとセメントペーストの強度が高くなる（**マイクロフィラー効果**と呼ばれる）。フライアッシュと同じポゾラン反応性を有する。超高強度コンクリートの混和材として使われる。

(9)　**膨 張 材**

モルタルやコンクリートに膨張性を与えて収縮性のひび割れを防止したり，充てん用コンクリートに用いたりプレストレスを与えて引張強度を向上させる（**ケミカルプレストレス**）目的で用いられる混和材である。

2・3　フレッシュコンクリートの性質

2・3・1　ワーカビリティー

　フレッシュコンクリートは，練り混ぜやすく，かつ施工箇所に応じて適度に軟らかく，材料分離を生じないことが必要である。このような運搬，打込み，締固め，仕上げなどの一連の作業に関するコンクリートの施工特性を**ワーカビリティー（Workability）**という。これは定性的であり，よい，悪いなどと評価され，構造物や施工箇所にも影響を受ける性質である。

2・3・2　ス ラ ン プ

　ワーカビリティーは，作業性を表すことばで範囲が広いが，これに影響するフレッシュコンクリート自体の性質として流動性（流動に対する抵抗性を**コンシステンシー**ともいう）が用いられる。その評価は，**スランプ試験（JIS A 1101）**による。その方法は次のようである。図2・13に示すような金属製のスランプコーンの中に，フレッシュコンクリートを詰める。次にコーンの上端のコンクリートを平らにならしてから，コーンを静かに鉛直に抜き取る。そしてコンクリート頂部中央が下がった寸法を測り，これを**スランプ x（cm）**とする。さらに，崩れたときの広がり直径をスランプフロー（cm）という。軟らかいものほどスランプは大きい値を示す。このとき，粘性・均質性・流動性・材料分離なども観察する

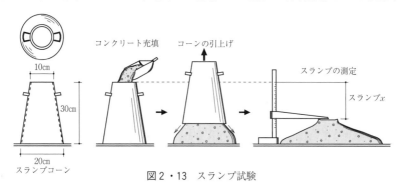

図2・13　スランプ試験

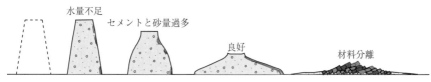

図2・14　スランプ試験によるワーカビリティーの評価

ことがワーカビリティーの評価にとって重要である。

　一般に水量が増すとスランプは大きくなるが，強度は低下する（図2・15）。したがって，両者の最適な条件を満たす水量を検討しなければならない。

図2・15　水量と強度・スランプの関係

2・3・3　空　気　量

　練混ぜ時にコンクリート中に閉じ込められた比較的大きな空気泡（**エントラップドエア：entrapped air**）は，コンクリートの品質の向上にはあまり役に立たないが，AE剤によりコンクリート中に連行された微小な独立空気泡は，ワーカビリティーを改善するとともに，耐凍害性を著しく増大させる。一般にフレッシュコンクリートの空気量は4〜5％とするのが標準である。コンクリート中の空気量はエアメーターにより測定する（図2・16，2・17）。

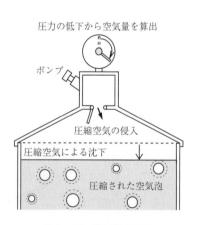

図2・16　空気量の測定

図2・17　エアメーター

2・3・4　材　料　分　離

　材料分離とは，運搬中，打込み中または打込み後において，フレッシュコンクリートの構成材料の分布が不均一になる現象である。これは，ペーストに適度な粘性がない場合，水量が多い場合などに，水と骨材との比重差により，粗骨材が

局部的に集中・沈降したり，水分がコンクリート上面に上昇する**ブリーディング現象**を生じるためである。ブリーディングに伴い，内部の微細粒子が浮上し，コンクリート表面には，**レイタンス**と呼ばれるぜい弱な物質の層も形成され，好ましくない。また，フレッシュコンクリートの水量が少ないと打込みがしにくく，打込み不良となりやすい。

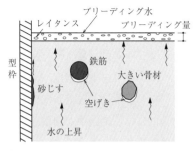

図2・18　コンクリートのブリーディング

　粗骨材の分離，打込み不良が生じると，**豆板**などと呼ばれる打込み欠陥部ができ，構造体コンクリートの大きな不具合となる。したがって，コンクリートの調合，水量には常に注意が必要であり，ワーカビリティーを適切に管理する必要がある。

　既に打ち込まれたコンクリートの凝結が進んでいる場合，その上に新たなコンクリートが打込まれると，**コールドジョイント**と呼ばれる不連続な継ぎ目ができる。これを防止するためには凝結が始まる前に打ち重ねることが必要である。

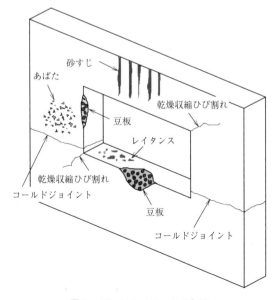

図2・19　コンクリートの欠陥

2・4 硬化したコンクリートの性質

(1) コンクリートの強度

コンクリートは，圧縮強度に比べて引張強度が著しく低い。このような理由から構造的には圧縮強度が利用されるので，コンクリートの強度といえば一般的に圧縮強度をさすと考えてよい。圧縮強度と他の各強度との関係は，圧縮強度を1とすれば，引張強度は約1/10，曲げ強度は約1/6，せん断強度は引張強度の約3倍である。圧縮強度試験には，一般に直径10cm，高さ20cmの円柱試験体を用いる。

また，コンクリートの引張強度は割裂試験により求めることができる(図2・21)。

(2) 強 度 理 論

硬化したコンクリートの強度理論には，1918年にアブラム（1887〜1938）が発表した「水セメント比説」がある。内容は次のようである。

コンクリートが，堅硬な骨材でつくられ，骨材とセメントペーストとが分離せず，空げきの残らないようにつくられた場合，その強度はセメントペーストの強度に支配される。セメントペーストの強度は，ペーストの濃度すなわち**水セメント比**（水とセメントの質量比：W/C)によって決まる。ゆえに，コンクリートの強度は水セメント比によって決まる。

「水セメント比説」は，よい状態に調合され，かつ適当な軟度で材料分離の生じていないコンクリートについてはよく適用できる。W/Cと強度との関係は，

図2・20 アムスラー型圧縮試験機
（5000kNまで加圧できる）

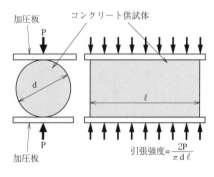

引張強度$=\dfrac{2P}{\pi\,\mathrm{d}\,\ell}$

図2・21 コンクリートの引張強度試験方法

図2・22のように曲線で示され，水セメント比が小さいほど強度が大きくなることがわかる。また，**セメント水比（C/W）**と強度の関係は，図2・23のようにほぼ直線で示される。セメント水比が大きいほど強度は高くなり，$C/W = y$とおくとコンクリートの強度F（N/mm²）との関係は下式のようになる。

$$F = K(Ay - B) \quad \cdots\cdots\cdots\cdots\cdots\cdots\cdots\cdots\cdots\cdots\cdots\cdots (2・1)$$

$\quad\quad K$：セメント強さ（N/mm²）

$\quad\quad A, B$：定数

　コンクリートの所要強度に対する水セメント比（W/C）の決定には，式（2・1）が簡単でかつ実用範囲のコンクリートによく適用できる。

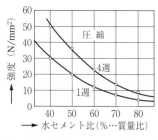

図2・22　*W/C*とコンクリートの強度　　図2・23　*C/W*とコンクリートの強度

(3)　コンクリートの圧縮強度に及ぼす要因

コンクリートの圧縮強度には*W/C*のほかに次のような要因が影響する。

(a)　材料の品質

　　セメントの粉末度・組成はコンクリート強度に大きく影響を及ぼす。骨材はそれ自体の強度，表面の状態，形状などが影響因子になる。有機不純物を含む水は，強度の低下の原因になる。

(b)　施工方法

　　コンクリートの練混ぜにおいては，セメントが完全に分散されるのが望ましい。練混ぜ時間については，一般に長いほど強度の発現が速い。しかし，長すぎると悪影響が出る場合もある。施工方法については，空げきの残らないように十分突き固めることが必要である。空げきがあると，水量の多い場合と同じように強度が大きく低下する。施工時にバイブレーターなどで振動させると空げきが排除され，コンクリートがち密になる。

(c) 養生と材齢

コンクリートは，セメントの水和反応が継続し，強度が十分に発現するように，打込み直後から保護することが必要であり，これを**養生**という。養生には，温度と湿度が最も大きく影響する。温度は高いほど強度の発現が早い。しかし，長期の強度の増進は少なくなる。また，水和反応に必要とされる十分な水分が補給されないと強度の増進は中断する。施工中または施工後の期間はなるべく低温（5℃以下）を避け，また長期間水分を補給するか，シート類でおおう必要がある。また，コンクリートの練混ぜからの経過時間を**材齢**という。養生方法が適当ならば強度は材齢とともに増進し，特に1～4週以内の短期間における強度増進は著しい。図2・24にその状況を示す。

(4) 弾性的性質

コンクリートにおける応力度[*1]とひずみ[*2]との関係は，図2・25に示すように，応力度が小さい間は直線に近い形であるが，応力度が大きくなると曲線となり，最大応力度以後は応力度がやや低下し破壊する。応力度とひずみとの関係での初期勾配から求められる**ヤング係数**

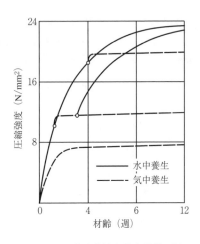

図2・24 養生方法と強度増進の例

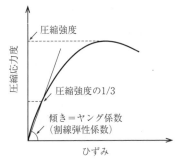

図2・25 応力度とひずみとの関係の例

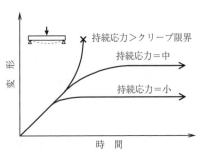

図2・26 コンクリートのクリープ現象

注 *1 応力度：単位面積あたりの力。応力ともいう。
  *2 ひずみ：もとの長さに対する変形量の比。

は，コンクリート強度が高いほど大きくなる。コンクリートのヤング係数は圧縮強度が 20 N/mm²のとき約 20 kN/mm²であり，鉄筋の約 1/10 である。

持続荷重が作用すると，時間の経過とともにひずみが増大する。この現象を**ク リープ**という。作用する応力度が小さい場合にはクリープによるひずみは一定になるが，持続応力がある値を超えると最終的に破壊にいたる。この値を**クリープ 限界**と呼び，コンクリートの場合，最大強度の75〜85％である。

(5) 単位容積質量

コンクリートの単位容積質量は，主として使用骨材の種類・調合などによって左右される。普通コンクリートでは，硬化後の気乾状態では約 2300 kg/m³，鉄筋コンクリートでは約 2400 kg/m³となる。

(6) 体 積 変 化

(a) 乾燥収縮

モルタルおよびコンクリートを水中に浸せば吸水して膨張するが，乾燥すれば収縮する。乾燥収縮はコンクリートのひび割れの最も大きい原因となる。図2・28は，供試体の製作後24時間の寸法を基準にして測った実験結果の例である。乾燥収縮は，単位セメント量および単位水量が多いほど大きくなる傾向がある。

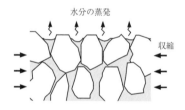

図2・27 セメントペーストの乾燥収縮

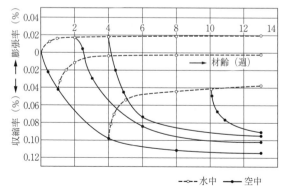

（1：2モルタル，*C/W*=2，フロー200）

図2・28 モルタルの膨張・収縮

(b)　**自己収縮**

　高強度コンクリートなど水セメント比の低いコンクリートでは，水分が乾燥しなくても，セメントの水和により体積減少が生じる場合がある。これを**自己収縮**という。

(7)　**火・熱に対する性質**

　コンクリートは，耐火性に優れた材料である。コンクリートが高温に加熱されたときの強度性状の変化は，図2・

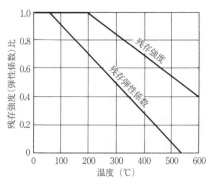

図2・29　加熱による普通コンクリートの強度性状の変化

29のようである。500℃ではセメントペースト硬化体中の結合水が失われるなどして，強度は常温時の約60％以下になり，またヤング係数は10〜20％になる。高強度コンクリートあるいは含水率の高いコンクリートでは，急激な加熱によって内部の水分が膨張し爆裂を生じることがある。

　普通コンクリートの常温での**熱膨張係数（線膨張係数）**は約10×10^{-6}（1/℃）であり，鉄筋とほぼ同じである。このことが鉄筋コンクリート構造が成り立つ前提の一つになっている。

2・5　コンクリートの耐久性

2・5・1　劣 化 要 因

(1)　中 性 化

　硬化したばかりの新しいコンクリートは，主に $Ca(OH)_2$ などの存在によりpH が12強のアルカリ性を示し，鉄筋などの鋼材の防錆効果がある。これは，pH が11以上の環境下では鋼材表面に**不動態皮膜**と呼ばれる防食性の高い皮膜が形成されるためである。しかし，空気中の炭酸ガス（CO_2）と反応し，主に炭酸カルシウムが生成され，しだいにアルカリ性は失われ，**中性化**していく。

$$Ca(OH)_2 + CO_2 \longrightarrow CaCO_3 + H_2O$$

　鉄筋周囲のコンクリートが中性化して pH が10以下になると不動態皮膜が破壊されて，水や空気の浸透で鉄筋がさび，コンクリート表面にひび割れが生じたり，構造物の耐力が損なわれる（図2・30）。

　経過年数 t(年) と中性化深さ d(cm) の関係を示す簡易式として，式（2・2）

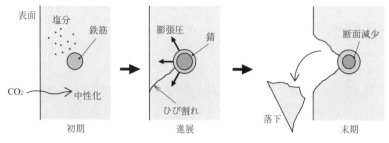

図2・30　鉄筋コンクリートの劣化

がある。

$$d = A \times \sqrt{t} \quad \cdots\cdots\cdots\cdots\cdots\cdots\cdots\cdots\cdots\cdots(2\cdot2)$$

　　A：中性化速度係数（セメントの種類，コンクリートの調合などに
　　　　よって決まる）

　例えば，$A = 0.37$の場合，7年で約1
cm, 65年で約3 cmの中性化深さになる。
図2・31に示すようにコンクリート表面
からコンクリート表面に最も近い鉄筋
までの距離を**かぶり厚さ**というが，建
物の寿命を長くするためには十分なか
ぶり厚さを確保する必要がある。建築
基準法施行令第79条ではかぶり厚さを

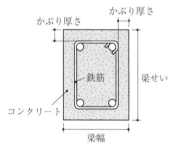

図2・31　かぶり厚さ

図2・32　フェノールフタレイン水溶液を用いた
　　　　　中性化の判定

定めており，耐力壁以外の壁，床は2cm以上，耐力壁，柱，梁は3cm以上，土に接する部位は4cm以上，基礎は6cm以上としている。

密実なコンクリートほど中性化の進行は遅い。また，コンクリート表面をタイルなどで仕上げることで中性化を遅くできる。

中性化の判定は，図2・32に示すように**フェノールフタレイン水溶液**をコンクリート断面に噴霧して調べる。フェノールフタレイン水溶液の変色域はpH＝9〜10であり，コンクリートの中性化していない部分は赤紫色に変色し，中性化部分は変色しない。

コンクリートの中性化により生じた炭酸カルシウムなどが雨水などの作用で表面に析出し，白いかたまりになったものを**エフロレッセンス**（白華）といい，美観を損なう原因となる。

(2) 塩 害

コンクリート中に一定量以上の塩化物が存在すると，鉄筋が腐食しコンクリート構造物に損害を与える。これを**塩害**という。コンクリート中の塩化物は海砂，混和剤などに最初から含まれている場合と，海水飛沫などが表面から浸透する場合がある。コンクリートの中の塩化物総量は塩化物イオン量に換算して原則 0.3 kg/m^3 以下と規定されている（JIS A 5308）。

図2・33 100年以上海風にさらされている長崎市端島（軍艦島）の高層集合住宅跡

図2・34 塩害による鉄筋の腐食

(3) アルカリ骨材反応

コンクリートの骨材の中には，アルカリ分と反応する成分を含むものがあり，この反応物が水分を吸収すると膨張してコンクリートを劣化させる。これを**アルカリ骨材反応**といって，耐久性上，大きな問題となる。コンクリートの表面には膨張性の亀甲状のひび割れが発生する（図2・36）。アルカリ骨材反応による劣化

図2・35　アルカリ骨材反応によるひび割れ

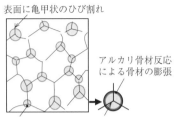

図2・36　アルカリ骨材反応による亀甲状のひび割れ

が生じる条件は，1）骨材中に反応性鉱物が存在すること，2）水酸化アルカリが存在すること，3）湿潤状態であることなどである。アルカリ骨材反応を防止するため，骨材の反応性の試験，コンクリート中のアルカリ総量の規制などが行われている。

(4) 凍　　害

　コンクリートに含まれている水が凍結・融解を繰り返すことを**凍結融解作用**といい，凍結の際の水圧によりコンクリートが劣化する現象を**凍害**という。コンクリート表面に膨張性のひび割れが生じる。コンクリート中に微細気泡が多くあると凍害は生じにくい。

(5) そ の 他

　反応性のある骨材がコンクリート中に混入していると，いずれ膨張して図2・37のように表面のモルタルをはじき出す。この現象を**ポップアウト**という。

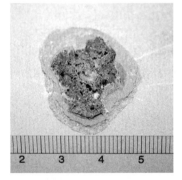

図2・37　ポップアウト

2・5・2　ひ び 割 れ

(1) 発 生 原 因

　様々な劣化作用あるいは欠陥が原因となり，鉄筋コンクリート表面には**ひび割れ**が生じることがある。したがって，表

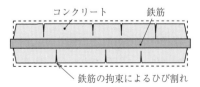

図2・38　乾燥収縮によるひび割れ

面のひび割れから不具合の原因を推定することも可能である。コンクリートに発生するひび割れは，きわめて多種多様な原因によるが，大きく以下の4つに分けられる。

(a) **コンクリートの材料的性質に関係するもの**

乾燥収縮，水和熱，ブリーディング，アルカリ骨材反応，自己収縮，セメントの異常凝結・膨張

(b) **施工に関係するもの**

打込み時の水量の増加，初期養生の不良，配筋の乱れ，豆板，コールドジョイント，振動

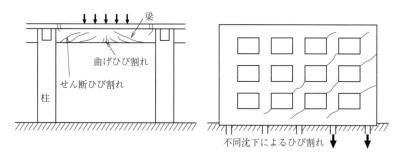

図2・39 ひび割れのパターン例

(c) **使用・環境条件に関係するもの**

中性化・塩害などに起因する鉄筋の発錆，凍結融解作用，環境温度・湿度の変化，火災，酸・塩類の作用

(d) **構造外力などに関係するもの**

過荷重，地震，不同沈下，強度不足

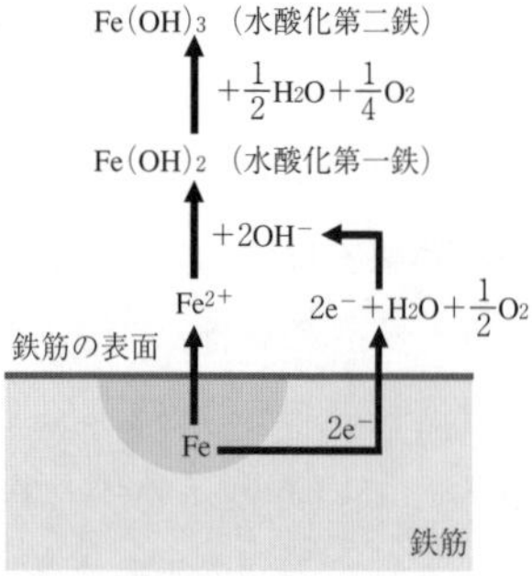

図2・40 鉄筋の腐食

(2) **ひび割れの補修**

ひび割れは美観だけではなく，漏水の可能性もあり補修が必要である。ひび割れ幅が 0.2 mm以下であれば表面を塗膜で被覆する**表面処理工法**，ひび割れ幅が 0.2〜0.5 mm程度であれば，樹脂系あるいはセメント系の材料をひび割れに注入する**注入工法**が行われる。

0.5 mm以上のひび割れが生じている場合，鉄筋の腐食（さび）（図2・40），躯体の変形など，躯体に不具合が生じている可能性があり詳細な調査が必要となる。その場合の，ひび割れ補修には，ひび割れに沿ってコンクリートをカットしその部分にポリマーセメントモルタルなどの補修材を充てんする**充てん工法**（図2・41）がある。また，鉄筋のさびが予想される場合には，鉄筋位置

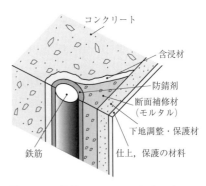

図2・41 鉄筋コンクリート造の充てん工法

までコンクリートをはつり出し，防錆剤により鉄筋を防錆処理し補修材ではつり部分を充てんする。

2・6 コンクリートの調合設計

2・6・1 調合設計の目標

コンクリートをつくるときのセメント，水，細骨材，粗骨材，混和材料（化学混和剤，混和材）の混合割合を**調合**といい，コンクリートが所要の性能や品質を満足するように計算や試し練り等によって調合を決めることを**調合設計**という。また，調合設計によって決定した調合を**計画調合**という。調合の表示方法には，コンクリート1 m³ 当たりの構成材料の絶対容積（l/m^3）で表す**容積表示**と，コンクリート1 m³ 当たりの質量（kg/m³）で表す**質量表示**がある。容積表示では，各構成材料の占める体積割合を示し，表示値の総計は必ず1 m³ になる。質量表示は，容積表示に各構成材料の密度をかけたもので，実際に計量する材料の質量を示す。一般に，質量表示を用いることが多い。

コンクリートの調合設計は，一般に以下の3つを満足するように行う。

① フレッシュな状態では，ワーカビリティー，流動性がよく，均質で材料分離を生じにくく，所要のスランプが得られること。

② 硬化後は，所要の強度，耐久性などが得られること。

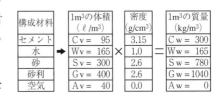

図2・42 普通コンクリートの調合例

③ 以上の2つを満足させるもので，最も経済的であること。

2・6・2 調合設計の手順

大まかな流れは，コンクリートに必要な強度から水セメント比を決定し，スランプなどから水量を決め，全体の構成条件（図2・42）を満たすように決定する。調合設計の一般的な手順を示すと以下のようになる（図2・43参照）。

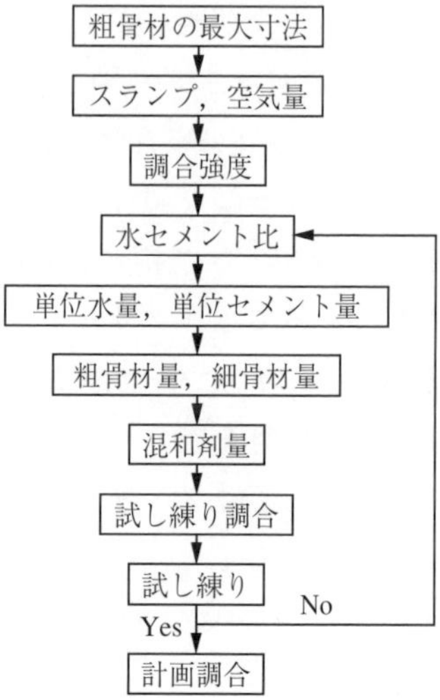

① コンクリートの種類，粗骨材の最大寸法，使用材料などを決定する。

② 品質基準強度，スランプ，空気量などのコンクリートの要求品質・性能を定める。

③ 調合強度を補正式により決定する。

④ 水セメント比を算定式より決定する。

⑤ 単位水量を標準表などにより決定し，単位セメント量を求める。

⑥ 単位粗骨材量を標準表などにより決定し，単位細骨材量を求める。

⑦ 試し練りを行い，所要の品質が得られるように調合の調整を行う。

⑧ 計画調合を決定する。

粗骨材の最大寸法 → スランプ，空気量 → 調合強度 → 水セメント比 → 単位水量，単位セメント量 → 粗骨材量，細骨材量 → 混和剤量 → 試し練り調合 → 試し練り（No→水セメント比、Yes↓）→ 計画調合

図2・43 計画調合の定め方

2・6・3 日本建築学会 コンクリートの調合設計指針・同解説（2015）による調合設計の方法

調合設計について，2022年改定のJASS 5に整合した内容に更新する。

ただし，2022年版JASS 5では調合管理強度を定めるところまでを対象とし，取扱いの範囲が狭まった。2022年版JASS 5の引用だけでは，具体的な調合表を作成することができない。このため，本書では旧JASS 5や調合指針の内容を取り入れながら，調合表が完成できるまでの手順を示す。

(1) コンクリートの種類

建築物の設計条件，建設される場所の環境条件，施工時期などを考慮し，コンクリートの種類，使用材料を決定する。コンクリートの種類は，使用する骨材の

種類により，普通コンクリート，軽量コンクリート1種および2種に分類される。また使用材料，施工条件，要求条件などによっては特殊コンクリートが使われる。

(2) コンクリートに要求される性能および品質

(a) 基本的な品質

現場で打込まれるフレッシュコンクリート（**使用されるコンクリートという**）は，スランプ，硬化後の強度，硬化後の耐久性などについて要求される品質を満たす必要がある。また，硬化して構造体の一部となったコンクリート（**構造体コンクリートという**）は，設計図書に記された強度，ヤング係数などを満たし，有害な打ち込み欠陥部がないことが重要となる。

(b) 設計基準強度

コンクリートの設計基準強度F_cは構造設計で基準とするコンクリートの圧縮強度で，設計図書に示される。一般的には，18，21，24，27，30，33，36 N/mm² のいずれかとする。設計基準強度が 36 N/mm²を超える場合は高強度コンクリートを用いた設計となる。

(c) 耐久設計基準強度

耐久設計基準強度 F_d はコンクリートの耐久性を確保するために必要となる圧縮強度であり，構造物または部材の**計画供用期間の級**に応じて表2・3に示すように定めたものである。圧縮強度で表す理由は，コンクリートの耐久性に関わる性能である中性化，塩化物の浸透，表面劣化などに対する抵抗性が，コンクリートの圧縮強度にほぼ比例するためである。

表2・3 コンクリートの耐久設計基準強度

計画供用期間の級	耐久設計基準強度 F_d(N/mm²)	計画供用期間
短 期	18	30年
標 準	24	65年
長 期	30	100年
超 長 期	36[1]	200年

注1) 計画供用期間の級が超長期で，かぶり厚さを10 mm増やした場合は，30 N/mm²とすることができる。
（日本建築学会　コンクリートの調合設計指針・同解説より）

(d) 品質基準強度

品質基準強度 F_q は実際の構造体コンクリートが満足しなければならない強度であり，設計基準強度 F_c もしくは耐久設計基準強度 F_d のうち，大きい方の値とする。なお，実際の構造体コンクリートの強度とは，構造体コンクリートから採取したコア供試体の圧縮強度で表され，これが品質基準強度 F_q 以上でなければならない。

(e) スランプ

　コンクリートのスランプは，値が小さいと打込みが困難になり，値が大きいと材料分離が生じやすく，強度・耐久性が低下しやすい。したがってスランプは，作業に適する範囲で，できるだけ小さい値とする。普通コンクリートの場合，品質基準強度が 33 N/mm²未満の場合は 18 cm以下，品質基準強度が 33 N/mm²以上の場合は 21 cm以下としている。

(f) 耐久性に関する規定

　コンクリート中に塩化物が含まれると鉄筋がさび，耐久性が著しく低下する。したがって，コンクリートに含まれる塩化物量は，**塩化物イオン量**として原則は 0.3 kg/m³以下とする。

(g) 空気量

　コンクリートの空気量は，多すぎると強度が低下するが，適度な量ではワーカビリティー，凍結融解作用の抵抗性を向上できる。一般のコンクリートでは4.5%を目標値とする。

(3) **粗骨材の最大寸法**

　一般に粗骨材の最大寸法が大きいほど，コンクリートの品質はよくなる。しかしながら建築物の部材寸法，鉄筋のあき，かぶりなどによっては充てん性が悪くなるため粗骨材の最大寸法を定める。建築では，20あるいは25 mmが一般的である。基礎では 40 mmとする場合もある。

(4) **調合管理強度**

　調合管理強度 F_m は，実際の構造体コンクリートが品質基準強度 F_q を満足するようにコンクリートの調合を定める場合，標準養生したコンクリート供試体が満足しなければならない圧縮強度である。すなわち，調合設計上の目標値であり，標準養生した円柱供試体の材齢 m 日における圧縮強度で表される。標準養生とは 20±3℃の湿潤状態における養生であり，コンクリートのポテンシャル強度（本来持っている性能を引き出した場合の強度）は標準養生した円柱供試体の圧縮強度で表される。実際の構造体コンクリートは種々の温度環境下で養生され，養生温度が低い場合には強度の発現が遅くなり，養生温度が高い場合には初期強度の発現は早いものの長期強度の増進が小さくなる。また，実際の構造体コンクリートは常に湿潤状態で養生されるわけではなく，むしろ脱型後は水分が散逸するため標準養生した円柱供試体よりも小さな強度となることが多い。このため，

下式に示すように構造体コンクリートが満足しなければならない強度である品質
基準強度 F_q に，標準養生した円柱供試体の圧縮強度と構造体コンクリートの圧
縮強度の差である構造体強度補正値 $_mS_n$ を加えることで調合設計上の目標値であ
る調合管理強度 F_m を設定する。

$$F_m = F_q + {_mS_n} \cdots\cdots\cdots\cdots\cdots\cdots\cdots\cdots\cdots\cdots(2\cdot3)$$

$_mS_n$：標準養生した円柱供試体の材齢 m 日における圧縮強度と構
造体コンクリートの材齢 n 日における圧縮強度の差による
構造体強度補正値（N/mm^2）

構造体強度補正値 $_mS_n$ は構造体コンクリートからコア供試体を採取して求め
るのが原則であるが，m を28日，n を91日とした場合の $_{28}S_{91}$ はコンクリート打
込みから材齢28日までの予想平均気温に応じて表2・4に示す値を用いてよい。

表2・4　構造体強度補正値 $_{28}S_{91}$ の標準値（設計基準強度36 N/mm²以下）

セメントの種類	コンクリート打込みから28日までの期間の予想平均気温 θ の範囲（℃）	
早強ポルトランドセメント	$5\leqq\theta$	$0\leqq\theta<5$
普通ポルトランドセメント	$8\leqq\theta$	$0\leqq\theta<8$
中庸熱ポルトランドセメント	$11\leqq\theta$	$0\leqq\theta<11$
低熱ポルトランドセメント	$14\leqq\theta$	$0\leqq\theta<14$
フライアッシュセメントB種	$9\leqq\theta$	$0\leqq\theta<9$
高炉セメントB種	$13\leqq\theta$	$0\leqq\theta<13$
構造体強度補正値$_{28}S_{91}$（N/mm²）	3	6

注　暑中期間における構造体強度補正値 $_{28}S_{91}$ は 6 N/mm²とする。

（日本建築学会　コンクリートの調合設計指針・同解説より）

(5)　調合強度

調合強度 F は調合管理強度 F_m にコンクリート強度のバラツキ分を割り増した
ものである。調合管理強度 F_m を調合設計上の目標値としても，実際には製造，
運搬，打込み，養生などの様々な状況によってバラツキが発生し，調合管理強度
F_m を下回るケースも発生する。このため，コンクリート強度のバラツキ分を見
込んで，強度を高めに設定したものが調合強度 F である。調合強度 F は標準養
生した円柱供試体の材齢 m 日における圧縮強度で表すものとし，m 日を28日と
するのが標準である。下式のうちの両方の条件を満足するものを調合強度 F と
する。

$$F \geqq F_m + 1.73\,\sigma \quad \cdots\cdots\cdots\cdots\cdots\cdots\cdots\cdots\cdots (2\cdot4)$$

$$F \geqq 0.85\,F_m + 3\,\sigma \quad \cdots\cdots\cdots\cdots\cdots\cdots\cdots\cdots (2\cdot5)$$

σはコンクリート強度の標準偏差で，レディーミクストコンクリート工場の実績で定める。実績がない場合は，$2.5\,\mathrm{N/mm^2}$または$0.1\,F_m$（$\mathrm{N/mm^2}$）の大きい方の値とする。$1.73\,\sigma$は不良率4％としたもので標準養生した円柱供試体の96％が調合管理強度F_mを上回ることを意味している。$3\,\sigma$は不良率をほぼ0％としたもので，標準養生した円柱供試体のほぼすべてが調合管理強度F_mの85％を上回ることを意味している。

⑹ 水セメント比

コンクリートのセメント水比と圧縮強度との間には直線関係がある。これを利用して調合強度を得るための水セメント比を求める。レディーミクストコンクリート工場などでは豊富な製造実績データが蓄積されており，これらをもとに独自にセメント水比と圧縮強度の関係式を定めている。しかし，製造実績に基づくセメント水比と圧縮強度の関係式がない場合には，式（2・1）を変形することにより水セメント比（W/C）の目安を得る。コンクリートの調合強度F（$\mathrm{N/mm^2}$）に対応した水セメント比x(％)の概略値は，下式によって求めることができる。

$$x = \frac{a}{\dfrac{F}{K} + b} \quad \cdots\cdots\cdots\cdots\cdots\cdots\cdots\cdots\cdots\cdots (2\cdot6)$$

K：セメント強さ（$\mathrm{N/mm^2}$）　　　$a,\ b$：定数

表2・5　水セメント比の最大値

セメントの種類		水セメント比の最大値（％）	
		短期・標準・長期	超　長　期
ポルトランド セメント	早強ポルトランドセメント 普通ポルトランドセメント 中庸熱ポルトランドセメント	65	55
	低熱ポルトランドセメント	60	
混合セメント	高炉セメントA種 フライアッシュセメントA種 シリカセメントA種	65	—
	高炉セメントB種 フライアッシュセメントB種 シリカセメントB種	60	

（日本建築学会　コンクリートの調合設計指針・同解説より）

表2・6　普通ポルトランドセメントおよび AE 減水剤を用いる普通コンクリートの単位水量の標準値

(kg/m³)

水セメント比 (%)	スランプ (cm)	粗骨材の種類	
		砂利	砕石
40	8	152	163
	12	161	173
	15	169	181
	18	181	(192)
	21	(192)	(203)
45	8	147	158
	12	157	168
	15	164	176
	18	176	(187)
	21	(187)	(198)
50	8	146	157
	12	154	165
	15	161	172
	18	172	183
	21	184	(194)
55	8	144	155
	12	151	162
	15	157	168
	18	168	179
	21	180	(190)
60〜65	8	142	153
	12	149	160
	15	155	166
	18	165	176
	21	176	(186)

注. (1) 表中にない値は，補間によって求める。
　(2) 表中 ( ) で示した単位水量が 185 kg/m³ を超える場合は，高性能 AE 減水剤などを用いてできるだけ 185 kg/m³ 以下とする。
　(3) 本表に用いた骨材の物理的性質は下表のとおりである。

	砂	砂利	砕石
最大寸法(mm)	—	25	20
粗粒率	2.70	6.97	6.69
実積率(%)	—	63.7	60.0

（日本建築学会　コンクリートの調合設計指針・同解説より）

　例えば，普通ポルトランドセメントを使用した普通コンクリートでは $a = 51$，$b = 0.31$ などの定数が用いられ，調合強度 F（N/mm^2）に対応した水セメント比 x（％）が算出できる。

　また，水セメント比の最大値はセメントの種類によって表2・5のとおりである。

⑺　単位水量

　単位水量が過度に大きくなると，乾燥収縮，ブリーディングなどが大きくなり，耐久性が低下する。このため，185 kg/m^3 以下にすることが規定されている。単位水量の標準値は表2・6のとおりである。

⑻　単位セメント量

　単位セメント量 C（kg/m^3）は，前項の水セメント比 x（％）と単位水量 W（kg/m^3）より，下式で算出する。

$$C = W/x \times 100 \quad\cdots\cdots\cdots\cdots\cdots\cdots\cdots\cdots\cdots\cdots\cdots\cdots\cdots\cdots\cdots\cdots (2 \cdot 7)$$

　単位セメント量は，水和熱および乾燥収縮によるひび割れを防止する観点からできるだけ少なくすることが望ましい。しかし，単位セメント量が少ないとコンクリートのワーカビリティーが悪くなるため，最小値が定められている。一般仕様のコンクリートの単位セメント量の最小値は270 kg/m^{3}である。

表2・7　普通ポルトランドセメントおよびAE減水剤を用いる普通コンクリートの単位粗骨材かさ容積の標準値

(m^3/m^3)

水セメント比（％）	粗骨材の種類（最大寸法）／スランプ(cm)	砂　利 (25 mm)	砕　石 (20 mm)
40～60	8	0.67	0.66
	12	0.66	0.65
	15	0.65	0.64
	18	0.61	0.60
	21	0.57	0.56
65	8	0.66	0.65
	12	0.65	0.64
	15	0.64	0.63
	18	0.60	0.59
	21	0.56	0.55

注．表中にない値は，補間によって求める。

（日本建築学会　コンクリートの調合設計指針・同解説より）

⑼ **骨 材 量**

ワーカビリティーのよいコンクリートの粗骨材量をかさ容積で表すと，粗骨材の種類や粒形，水セメント比によらずほぼ一定になるといわれている。**単位粗骨材かさ容積**（m³/m³）は，コンクリート1 m³中に占める粗骨材の量を，粗骨材を容器に詰めたときの容器全体の容積で表したものであり，通常は表2・7の値を用いる。したがって，粗骨材の絶対容積 V_g（l/m³）は，以下となる。

$$V_g = 単位粗骨材かさ容積(\text{m}^3/\text{m}^3)$$
$$× 粗骨材の実積率（\%）× \frac{1000}{100} \quad\cdots\cdots\cdots\cdots\cdots\cdots\cdots(2\cdot8)$$

粗骨材の絶対容積 V_g に粗骨材の密度を乗じれば単位粗骨材量 G(kg/m³)が算出できる。

単位水量，単位セメント量，単位粗骨材量の絶対容積が算定されると，空気量が定められているので，残りが細骨材の絶対容積 V_s(l/m³) となる。細骨材の絶対容積 V_s に細骨材の密度を乗じれば単位細骨材量 S(kg/m³) が算出できる。

また，下式を**細骨材率**（s/a）（%）と定義している。

$$s/a = V_s/(V_s + V_g) × 100 \qquad\qquad (2\cdot9)$$

細骨材率は，コンクリートの適切なワーカビリティーを得るために重要な要因である。一般に細骨材率が小さすぎる場合は，ぼそぼそのコンクリートとなり，粗骨材とモルタル分が分離しやすくなる。一方，細骨材率が大きすぎる場合は，単位セメント量および単位水量を多くする必要があり，また流動性の悪いコンクリートとなる。通常のコンクリートでは細骨材率が35〜45%の範囲にある。

⑽ **混和材料の使用量**

AE剤，AE減水剤，高性能AE減水剤の使用量は，所定のスランプおよび空気量が得られるように定める。一般に化学混和剤の使用量は単位セメント量に対する質量比などによって定められることが多い。液体の化学混和剤については，練混ぜ水の一部として扱う必要があり，化学混和剤と水を加えた量が単位水量となるようにする。

⑾ **試 し 練 り**

計算から求めた調合により，実際の施工条件に近い状態で品質試験に必要な量だけ**試し練り**を行う。コンクリートのワーカビリティー，スランプ，空気量，圧縮強度などについて，要求条件を満たしているかを確認する。満たされていない場合は，各材料の単位量を修正し，さらに試し練りを行い，最適な調合を決定する。

表2・8　計画調合の表し方

品質基準強度	調合管理強度	調合強度	スランプ	空気量	水セメント比	最大寸法の粗骨材	細骨材率	単位水量	絶 対 容 量 (l/m³)				質 量 (kg/m³)				化学混和剤の使用量	計画調合上の最大塩化物イオン量
									セメント	細骨材	粗骨材	混和材	セメント	＊細骨材	＊粗骨材	混和材	(ml/m³)または(C×%)	
(N/mm²)	(N/mm²)	(N/mm²)	(cm)	(%)	(%)	(mm)	(%)	(kg/m³)										(kg/m³)

注　＊絶対乾燥状態か，表面乾燥飽水状態かを明記する。ただし，軽量骨材は絶対乾燥状態で表す。
　　混合骨材を用いる場合，必要に応じて混合前のおのおのの骨材の種類および混合割合を記す。
（日本建築学会　コンクリートの調合設計指針・同解説より）

(12) 計 画 調 合

以上の過程で決定されたコンクリートの計画調合は，コンクリート1 m³当たりの材料使用量により，表2・8のように表す。また，計画調合上の塩化物イオン量が 0.30 kg/m³ 以下であることを確認する。0.30 kg/m³ を超える場合は，各材料の塩化物イオン量の上限値を見直す。

(13) 現 場 調 合

工事現場でのコンクリートの使用量，骨材の含水状態などに応じ，実際に計量される材料の量を表したものを**現場調合**という。通常は一度に練り混ぜるコンクリートの量（1バッチという）に換算して表す。

2・6・4　調合設計の例題

下記の条件によるコンクリートの調合を求めよ。

1) コンクリートの種類：普通コンクリート
2) 設計基準強度：F_c = 27 N/mm²
3) 計画供用期間の級：標準
4) 構造体コンクリートの強度管理の材齢：91日
5) 打込みから材齢28日までの予想平均気温：8℃
6) スランプ：18 cm
7) 空気量：4.5 %
8) セメント：普通ポルトランドセメント（密度 3.15 g/cm³，強さ K＝60 N/mm²）
9) 細骨材：砕砂（表乾密度 2.60 g/cm³，吸水率 2.0 %，粗粒率 2.70）
10) 粗骨材：砕石（表乾密度 2.70 g/cm³，吸水率 1.50 %，最大寸法 20 mm，

実績率 60.0 ％）

11）骨材は表乾状態として調合を求める。

12）混和剤：AE減水剤（密度 1.0 g/cm³，使用量はセメント質量の 0.25 ％）

13）コンクリート強度の標準偏差：2.5 N/mm²

14）水セメント比と圧縮強度の関係は式（2・6）を用いて求めることとし，定数は $a = 51$，$b = 0.31$ とする。

(1) 調 合 強 度

計画供用期間の級は標準であるから，表2・3より，耐久設計基準強度 F_d は 24 N/mm²となる。よって，コンクリートの品質基準強度は設計基準強度 F_c と耐久設計基準強度 F_d の大きい方をとり，$F_q = 27$ N/mm² となる。

予想平均気温は 8℃ であるから，表2・4より構造体強度補正値 $_{28}S_{91} = 3$ N/mm² である。

すると，調合管理強度 F_m は式（2・3）より 30 N/mm² となる。

調合強度 F は，式（2・4）および式（2・5）の両方を満足する値である。

コンクリート強度の標準偏差 σ は 2.5 N/mm²と与えられているので，

$$F \geqq F_m + 1.73\,\sigma = 30 + 1.73 \times 2.5 = 34.3\,\text{N/mm}^2$$

$$F \geqq 0.85\,F_m + 3\,\sigma = 0.85 \times 30 + 3 \times 2.5 = 33.0\,\text{N/mm}^2$$

よって，調合強度 $F = 34.3$ N/mm² となる。

(2) 水セメント比

水セメント比の算定式（2・6）において $a = 51$，$b = 0.31$とすると，

$$x = 51/(F/K + 0.31) = 51/(34.3/60 + 0.31) = 57.8\%$$

安全側をとって，水セメント比は 57％とする（値が小さい方が強度が高い）。

表2・5の水セメント比の最大値以下なので大丈夫である。

(3) 単 位 水 量

表2・6より求める。砕石の項で，スランプ 18 cm，水セメント比 55 ％での単位水量は 179，スランプ 18 cm，水セメント比 60 ％での単位水量は 176より，水セメント比 57 ％での単位水量を直線補間により求め，小数点以下切り捨てると以下になる（単位水量は小さい方が品質がよいので切り捨てる）。

$$W = 176 + (179 - 176) \times (60 - 57)/(60 - 55) = 177\,\text{kg/m}^3$$

(4) 単位セメント量

水セメント比，単位水量より以下で算出し，四捨五入する。

$$C = W/x \times 100 = 177/57 \times 100 = 311\ \text{kg/m}^3$$

単位セメント量の最小値 270 kg/m³ 以上なので大丈夫である。

セメントの絶対容積 V_c は，

$$V_c = 311/3.15 = 99\ l/\text{m}^3$$

(5) 単位粗骨材量

表 2・7 より，水セメント比 57 %，スランプ 18 cm での砕石の単位粗骨材かさ容積は 0.60 となる。

よって，粗骨材の絶対容積 V_g (l/m^3) は式（2・8）より，

$$V_g = 0.60 \times 60.0 \times \frac{1000}{100} = 360\ l/\text{m}^3$$

粗骨材の絶対容積 V_g に粗骨材の密度を乗じれば単位粗骨材量 G (kg/m^3) が算出できる。

$$G = 360 \times 2.70 = 972\ \text{kg/m}^3$$

(6) 単位細骨材量

これまで求めた，単位水量，単位セメント量，単位粗骨材量および空気量 4.5 %（45 l/m^3）より，細骨材の単位容積 V_s は次式から求める。

$$V_s = 1000 - (V_w + V_c + V_g + V_a) = 1000 - (177 + 99 + 360 + 45)$$
$$= 319\ l/\text{m}^3$$

単位細骨材量 S は，

$$S = 319 \times 2.60 = 829\ \text{kg/m}^3$$

(7) 細 骨 材 率

$$s/a = V_s/(V_s + V_g) \times 100 = 319/(319 + 360) \times 100 = 47.0\%$$

(8) 化学混和剤の使用量

AE 減水剤の使用量は以下のとおりである。

表 2・9　計 画 調 合

調合強度 (N/mm²)	スランプ (cm)	空気量 (%)	水セメント比 (%)	粗骨材の最大寸法 (mm)	細骨材率 (%)	単位水量 (kg/m³)	絶対容積 (l/m³)				質量 (kg/m³)				AE減水剤の使用量 (ml/m³)
							セメント	細骨材	粗骨材	混和材	セメント	細骨材	粗骨材	混和材	
34.3	18	4.5	57	20	47.0	177	99	319	360	–	311	829	972	–	780

$$C \times 0.25\,\% \;=\; 311 \times 0.25/100 \;=\; 0.78\;\mathrm{kg/m^3} \;=\; 780\;\mathrm{m}l/\mathrm{m^3}$$

(9)　計 画 調 合

以上により求めた計画調合は表2・9のようになる。

2・7　各種コンクリート

2・7・1　要求性能に応じたコンクリート

(1)　軽量コンクリート

骨材に軽量骨材を用いて，単位容積質
量を小さくしたコンクリートである。粗
骨材のみに軽量骨材を用いる**軽量コンク
リート1種**（気乾単位容積質量 1.8～
2.1 t/m³）と，細骨材および粗骨材に軽
量骨材を用いる**軽量コンクリート2種**
（気乾単位容積質量1.4～1.8 t/m³）がある。
建物の自重を軽減できるので荷重作用に
対して有利であり，断熱性にも優れる。

図2・44　人工軽量骨材

カーテンウォール，建築物のスラブ，増設耐震壁などに用いられる。

(2)　流動化コンクリート

あらかじめ硬く練り混ぜられたコンクリート（ベースコンクリートという）を
施工現場などにアジテータ車で運搬後，流動化剤を添加し流動性を増大させ，施
工性を高める目的のコンクリートである。

(3)　高強度コンクリート

設計基準強度が 36 N/mm²を超えるも
のであり，高性能 AE減水剤，高性能減
水剤，シリカフュームなどを用い，水セ
メント比を大幅に低減したコンクリート
である。超高層 RC建築物などに使われ
る。高強度の粗骨材を用い，水セメント
比を20%以下とすることで，圧縮強度が
100 N/mm²以上の**超高強度コンクリー**

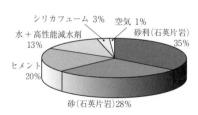

図2・45　超高強度コンクリートの構成
　　　　例（体積比）

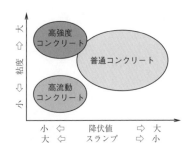

図2・46　各種コンクリートの粘度

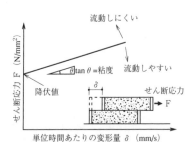

図2・47　コンクリートの流動特性

トとすることもできる。ただし，フレッシュコンクリートの粘度が高くなりやすい（図2・46）。

(4) **高流動コンクリート**

フレッシュ時の材料分離に対する抵抗性を損なうことなく流動性を著しく高めたコンクリートであり，型枠内への打込み時に振動・締固めをしなくても充てんができる自己充てん性を備えている。コンクリート打込み時の労力が大幅に軽減できる。混和剤に主に高性能AE減水剤を用いる。流動化コンク

図2・48　スランプ試験結果
（上は普通，下は高流動）

リートとは異なり，練り混ぜ直後から高い流動性を有している。なお，コンクリートの流動特性は，せん断応力と変形量との関係より，降伏値と粘度で評価できる（図2・47）。高流動コンクリートは，降伏値，粘度とも低く，軟らかく流動しやすい（図2・48）。

2・7・2　施工条件に応じたコンクリート

(1) **寒中コンクリート**

寒冷地に使用されるコンクリートで，早強性のセメント，凝結促進剤などを使用し，十分な空気量を確保し耐凍害性を向上させる。

(2) **暑中コンクリート**

気温の高い（25℃以上）場合に使用されるコンクリートで，発熱の小さい低

熱・中庸熱ポルトランドセメント等を用いる。スランプが低下しやすい（硬くなる）ので，急激な水分蒸発を避け，遅延型の AE 減水剤等を用いる。

(3) マスコンクリート

部材断面の大きな構造体に用いられるコンクリートである。壁や床等の薄い部材に用いられるコンクリートとは異なり，セメントの水和熱が部材内部に蓄積されるので一時的に50～90℃の高温となる。この影響により長期強度の増進が少なくなり，また温度上昇・降下による温度ひび割れが発生することもある。温度上昇量をなるべく少なくするために，低熱・中庸熱ポルトランドセメント等を用い，また単位セメント量を少なくする。

(4) 水中コンクリート

場所打ち杭および連続地中壁などに適用するコンクリートで，細骨材率を高くしセメント量を増やし，AE 減水剤などを用い，流動性がよく分離しにくく粘りのあるコンクリートとする。

2・7・3 部材条件に応じたコンクリート

(1) 無筋コンクリート

土間コンクリート，捨てコンクリート，軽微な基礎スラブ，屋上防水押さえコンクリートなどで，鉄筋で補強されていない。ひび割れが入らないよう収縮目地を設ける。

(2) ポーラスコンクリート

空隙が多くあるコンクリートをポーラスコンクリートという。粗骨材のみをペーストで固めたものなどがある（図2・49）。透水性，植栽性がよく環境に適応するコンクリートである。

図2・49 ポーラスコンクリート

2・7・4 仕上げとしてのコンクリート

(1) 打放しコンクリート

表面に仕上げを施さないので，コンクリートの素材感を生かす仕上げとなる。

型枠せき板面の性状が仕上げに反映され，通常は塗装合板，メタル型枠などで平滑に仕上げるが，杉型枠により木目仕上げとしたり，ゴムで細工をしてレリーフを施すこともある。また，着色顔料を練混ぜ時に加えることで**カラーコンクリート**とすることもある。打放しコンクリートの場合，流動性のよいコンクリートを用い，充てん作業は慎重に行う。雨水により表面は汚れやすいので，**浸透性防水材**を塗布したり，ディテールを工夫し雨水が流れないようにする。

(2)　**骨材洗出し仕上げ**

　型枠脱型後，コンクリートが硬化しないうちに，表層のモルタルを除去して粗骨材を露出させる仕上げである。型枠のせき板面に凝結遅延剤を塗り表面の硬化を遅らせ骨材を洗い出す方法もある。粗骨材のテクスチャー（表面凹凸），色などが反映される仕上げとなる。

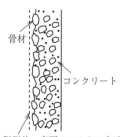

骨材

コンクリート

脱型後に表面のモルタルをはつり取る

図2・50　骨材洗出し仕上げ

2・8　セメント・コンクリート製品

　セメント・コンクリート製品には，図2・51に示すものがある。

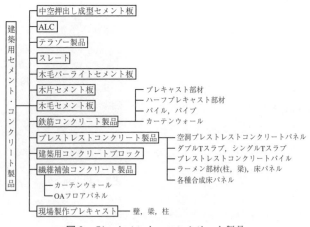

図2・51　セメント・コンクリート製品

2・8・1　プレキャストコンクリート製品

(1)　プレキャストコンクリート

　工場で生産された鉄筋コンクリート製品のことで，Pre - cast Concrete から **PCa 部材**ともいい，建築構造材の部材として現場で組み立てて用いられる。工期が短縮できる，品質のよいコンクリート部材が得られるなどの利点がある。

図2・52　PCaパネル

　壁式構造の建物に用いられる耐力壁パネル・床パネル・屋根パネルなどのPCaパネル（図2・52）やカーテンウォール用の外壁パネルほか，近年では柱・梁などのラーメン構造用部材（図2・53）が製造されている。製造に際しては，生産性を高めるために，コンクリートを60℃前後に加熱養生して硬化を促進させ，1日以内に脱型する方法が行われている。

図2・53　柱・梁のプレキャストコンクリート

(2)　プレキャスト複合コンクリート

　柱の外周，梁の側面と底，壁の片側など，部材の一部がプレキャストコンクリートとなっているものを，**ハーフプレキャスト部材**といい，施工現場でそれを組み立てた後に，**現場打ちコンクリート**を打設したものを**プレキャスト複合コン**

図2・54　ハーフプレキャスト梁部材

クリートという。それに使われる現場打ちコンクリートには，ハーフプレキャスト部材の隅々まで充てんできるように，流動性のよいものを用いる。また，ハーフプレキャスト部材の現場打ちコンクリートとの接合面は，凹凸（コッター），アンカー筋などを配して一体化しやすくする。

(3)　複合化工法

　プレキャストコンクリート部材をできるだけ多く用い，現場打ちコンクリート

と組み合わせ，省力化，品質向上，工期短縮を図ったものを複合化工法という。

2・8・2 プレストレストコンクリート製品

　鉄筋コンクリート製品の一種であって，あらかじめ部材の引張側に緊張材によって圧縮力を生じさせ，曲げ耐力を著しく向上させる構造に用いられるコンクリートである。クリープ，乾燥収縮などによるプレストレスの低減をなくすために，単位水量の少ないスランプの小さなコンクリートとする。特に，鋼材と接するコンクリートは塩化物量を少なくする。

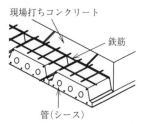

図2・55　プレストレスト中空パネルを用いた床の複合工法

　プレテンション方式は，引張力を受ける側にPC鋼材をあらかじめ引張力を与えて設置しておき，その後コンクリートに圧縮応力を与える。**ポストテンション方式**では，あらかじめコンクリートの引張側の軸方向にパイプ（シース）を設け，コンクリート打設，硬化後，**PC鋼線**を挿入し，これに引張力を与えて，両端を固定し，圧縮応力を与える。

　成形品は，スパンの大きい梁材・橋げた・パネル材・矢板などの製品に用いられる。

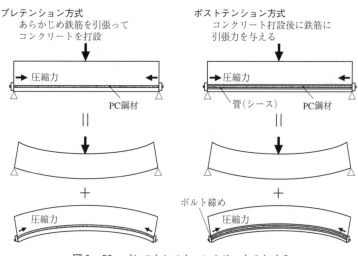

図2・56　プレストレストコンクリートのしくみ

2・8・3　繊維補強コンクリート製品

　長さ1〜3cm程度の繊維を混入した
コンクリートを，**繊維補強コンクリー
ト（FRC）**という（図2・57）。繊維に
よる引張りや曲げ強度の向上効果や，**じ
ん性**（変形性能）の向上，ひび割れ発
生の抑制効果などがあるので，製品の
厚さを薄くして，軽量・大形のパネル
をつくることができる。繊維には，ガ
ラス繊維・スチール繊維・カーボン繊
維・樹脂系繊維などが用いられる。製
品にはカーテンウォールをはじめ，
内・外壁の化粧パネル，床パネルなど
がある。

図2・57　繊維補強モルタルの断面

2・8・4　ALC パネル

　ALC（Autoclaved Lightweight aerated
Concrete）とは，セメント，石灰質原
料，けい酸質原料を主原料とし，**オー
トクレーブ養生**（温度約180℃，圧力約
10気圧の条件下で行う促進養生）して
製造した**気泡コンクリート**である。防
錆処理した鉄筋で補強して板状にした
ものを**ALCパネル**（JIS A 5416）とい
う。ALC パネルは，建築物の外壁，間
仕切壁，屋根などの部位構成材として
広く使われている。その寸法は，幅は
一般に 60 cm で，厚さは10〜15 cm が
多く，長さは6m 以下である。

　ALC パネルは軽量で（密度約 0.5 g/cm³），
断熱性に優れており，居住性のよい建

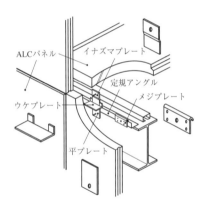

図2・58　ALC パネルの取付け例
（ロッキング構法）

図2・59　ALC パネルの表面

物が得られる利点がある。しかし，多孔質のため吸水性が大きいので，使用に当たっては，仕上材により適切な表面処理を施すことが必要である。

2・8・5 建築用コンクリートブロック

(1) 空洞コンクリートブロック

内部に空洞をもっているコンクリート製のブロックで，これを積みあげたのち，空洞部分に補強筋を配置し，かつモルタルなどを充てんして，建物の壁体や塀を構築するのに用いられる。JIS A 5406では，**基本ブロック**と**異形ブロック**に大別されている。異形ブロックは，隅用ブロック・半切ブロック・横筋用ブロックなど用途によって形状が異なる（図2・60）。

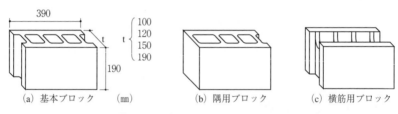

(a) 基本ブロック (mm)　(b) 隅用ブロック　(c) 横筋用ブロック

図2・60 空洞コンクリートブロック

空洞コンクリートブロックは，品質によって表2 10のように3種類に区分されており，圧縮強さはC種が最も高い。また透水性によって，**普通ブロック**と透水試験に合格する**防水性ブロック**に区分される。**補強コンクリートブロック造**では，空洞コンクリートブロックの中空部に鉄筋を配置し，コンクリート，モルタルを充てんする。コンクリートはAE剤などを用いて充てん性をよくする。粗骨材の最大径は，ブロック空洞部の最小幅の1/4以上かつ，20mm以下とする。

表2・10 空洞コンクリートブロックの種別

種 類	気乾かさ比重	圧縮強さ (N/mm²)
A種	1.7 未満	4 以上
B種	1.9 未満	6 以上
C種	－	8 以上

(JIS A 5406 による)

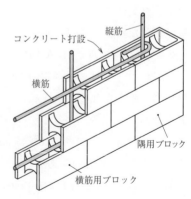

図2・61 型枠コンクリートブロック造

(2)　型枠コンクリートブロック

空洞コンクリートブロックよりも高強度のコンクリートを用い，補強鉄筋の配筋用空洞を大きくつくったコンクリートブロックをいう（図2・61）。形状にはL，T，H形などがあり，現場でこれを積みあげて型枠とし，配筋して内部空洞全体にコンクリートを打ち込み，鉄筋コンクリートと同程度の耐力をもつ構造体をつくる。この工法は，型枠コンクリートブロック工法と呼ばれる。同じような工法にRM（Reinforced Masonry）工法がある。

2・8・6　繊維強化セメント板類

セメント，石灰質原料，パーライト，けい酸質原料，スラグ，せっこうなどを主原料とし，繊維などで強化成形し，オートクレーブ養生または常圧養生した板の総称である。不燃性・耐水性・耐久性・遮音断熱性・耐候性などに優れる。

繊維強化セメント板（JIS A 5430）には以下がある。

(1)　スレート

繊維を加えて成型したセメント製品で，大別すると波板とスレートボードがある。波板には，小波板・中波板・大波板などがあるが，いずれも主として屋根ぶき材・外壁材などとして用いられる。スレートボードにはフレキシブル板・軟質フレキシブル板・平板および軟質板があり，フレキシブル板は，強さ・たわみ性が大きく，摩耗しにくい。いずれも主として壁・天井材に用いられる。また，多数の小孔をあけた吸音板は，講堂・集会所・教室などの天井材に用いられる。

以前はスレートに加える繊維として，図2・62のような**石綿（アスベスト）**が使用されていた。しかし，人間の健康に悪影響を及ぼすことから，2004年10月より建材での使用が禁止されている。なお，スレートには天然スレートと人工スレートがある。前者は粘板岩の一種であり（p.112参照），ここで示したスレートは後者である。

(2)　パーライト板

スレートの平板に似ているが，パーライトと呼ばれる軽量骨材が混合され

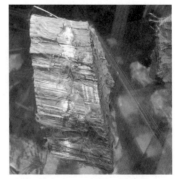
図2・62　アスベスト原石(2004年10月より建材での使用禁止)

て，密度は $1\,\mathrm{g/cm^3}$ 以下である。断熱性・遮音性に優れ，吸水性が大きいので，室内壁・天井などに用いられる。

(3) けい酸カルシウム板

スレートの原料にけい酸質物を加え，同様にボード状に成形した後，オートクレーブ養生して製品化したものである。密度 $0.8\sim1.0\,\mathrm{g/cm^3}$ 程度で，断熱性・加工性に優れた性質があり，内装材として用いられる。

(4) スラグせっこう板

スラグを混入したもので，軽量で加工性に富み，内装，天井，外壁，間仕切などの用途に広く使われている。

2・8・7 木毛セメント板

木毛セメント板（JIS A 5404）は，木毛にセメントの凝結硬化促進剤の水溶液を浸み込ませ，これにセメントを加えてよくかき混ぜ，型に入れて加圧・成形したものである。木毛の種類によって，太木毛板と細木毛板とがある。

JIS では**難燃木毛セメント板**と**断熱木毛セメント板**に区分されている。前者は，防火性能が要求される内外装下地材として，また後者は，断熱・吸音性が要求される壁・天井の下地材などに用いられることが多く，コンクリート床板の下端に打ち込み施工することもある。

このほか，木毛のかわりに木材細片に防腐処理したものを用いて，板状に加圧・成形した木片セメント板があり，間仕切材などに用いられる。

パルプセメント板は，スレートボードに似ているが，繊維量が少なく古紙を処理したパルプが多く含まれている。主として内装材として用いられる。

2・8・8 その他のセメント系パネル類

(1) 窯業系サイディング

主原料としてセメント質原料および繊維質原料を用いて板状に成形し，オートクレーブ養生などで硬化させたもので，主として建築物の外装用として使用される。仕上げの種類によって，素板，塗装用，化粧サイディングに分類できる。

(2) 押出し成形セメント製品

セメントと繊維質材料を混合し，型から押出して成形し養生した中空のパネルで，空げきがあることでスレートボードよりも断熱性や遮音性に優れる。外壁や

間仕切壁，二重床などに使用される。

(3) 住宅屋根用化粧スレート

　主として住宅用屋根に用いる野地板下地の上にふく屋根材料で，スレート平板を平形あるいは波形に加工し，顔料の混入や塗装などにより着色したもので，平形屋根スレートと波形屋根スレートがある。

図2・63　セメント系外壁パネルとスレート板（手前）

(4) 吸音用あなあきスレートボード

　スレートボードに吸音を目的とした直径5～8 mm程度の小さな孔をあけたもので，主として壁や天井などの内装用として使用される。

(5) スレート・木毛セメント積層板

　木毛セメント板の両面または片面にフレキシブル板を接着した複合ボードで，主として屋根下地や内外装材として使用される。

(6) 厚形スレート（JIS A 5402）

　セメントモルタル製の屋根ふき用の瓦で，プレスセメント瓦ともいう。調合はセメント：砂が約1：2で，5 N/mm²以上の圧力を加えて脱水成形したのち，加熱養生してつくられる。表面は，美観と耐久性を確保するために合成樹脂系塗料で仕上げられる。

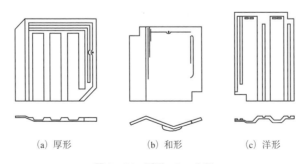

(a) 厚形　　　　　　　(b) 和形　　　　　　　(c) 洋形

図2・64　厚形スレート類

　鉄筋を円筒かご状または円柱状に組み立てたものを鉄製型枠に入れ，コンクリートとともに速い速度で回転させて成形した遠心成型鉄筋コンクリート管・ポール・基礎杭や，手詰めあるいは振動打ちで成形した鉄筋コンクリート管・U形・L形などがある。

　遠心成型鉄筋コンクリート管は，ヒューム管とも呼ばれ，主として上水管として用いられ，鉄筋コンクリート管は主として下水管などに用いられる。また，ポールは電柱に，U形はケーブル管あるいはL形とともに側溝に用いられる。

　人造石は，モルタルまたはコンクリートの硬化した下地の表面に，着色した白色セメントと大理石・花こう岩などの細かい砕石を混ぜたものを塗り，研（と）ぎだしや洗いだしによって表面を仕上げたものである。このほか化粧石くずを用いるかわりに，着色セメントを大理石状に模様づけしたものなどがある。

　テラゾは，人造石の一種であって，大理石の大粒の砕石を用いてコンクリート板の表面を高級仕上げしたものである。主として工場生産品であるが，工事現場でもつくられ，内外装・床仕上げ用材として多く用いられる。

　透水性の高いコンクリートを用いた歩道用コンクリートブロックもある（図2・65）。

図2・65　歩道用コンクリートブロック

　主としてデザイン的要素を含み，人間の視覚に心地よく，環境に調和する意図で用いられるコンクリート製品のことである。

　緑化コンクリート製品は，建築物の屋上，壁面，屋内（アトリウム）などに用いられ，コンクリート自体が多孔質で，植物の生育も適するようになっている。

　擬木製品は，木材に似せてつくられたコンクリート製品で，公園，エクステリ

ア，外構などに使われている。表面を塗装したもの，カラーモルタルでつくった
ものなどがある。

　ストリートファーニチャーにコンクリート製品を使う例もあり，ベンチ，水の
み，スツール，灰皿，照明，フラワーポットなど意匠性を重視したものがつくら
れている。

58

第3章
金　　　属
Metal

異形鉄筋，膨らみは圧接継手
D29(左上)，D10(左下)，最も太い D51(右)

　鉄は有史以前から用いられてきたが，19世紀の中頃に製鋼法が改良されて，良質の鋼材が大量に生産されるようになり，それまでの組積的な建築から自由な形態の建築へと大きく変化するきっかけとなった。現在では構造材料はじめ仕上材料・部品として欠くことのできない重要な建築材料となっている。鉄のほかに，アルミニウム合金，銅合金，チタンなどの金属が建築に広く使われている。金属材料の特徴は，他の建築材料に比べて密度は大きいが強度が非常に大きく，そのために断面を小さくでき，細長い構造物をつくれることである。

3・1　鉄　　　類
　鉄が構造材として使われたのは18世紀中頃のヨーロッパといわれているが，そのころの鉄は**鋳鉄**（ちゅうてつ）あるいは銑鉄と呼ばれる，炭素量が多く，強度は高いがもろいものであった。我が国においても，江戸時代に南部藩で開発された**南部鉄**は代表的な鋳鉄で，鉄器，茶の湯釜などに広く使われている。その後，製鉄法が進歩し，錬鉄と呼ばれる炭素量の少ない鉄がつくられるようになった。
　鉄に含まれる炭素は，鉄の諸性質に影響を与え，炭素量の少ないものほど軟質，強さ小，可鍛性大，屈曲容易，焼入効果小であるが，多くなるに従って硬質，鋳工性や溶接性が劣るようになる。
　炭素量による鉄類の性質は，次のように分類される。

鉄類 ｛
鋳鉄(銑鉄)　（炭素量 1.7～6.7 %），硬度大，展性小，融点低
鋼鉄　　　　（炭素量 0.04～1.7 %），硬度中，展性中，融点中
錬鉄(鍛(たん)鉄)（炭素量 0.04 %以下），硬度低，展性大，融点高
｝

　鋼鉄は，**炭素鋼**と，炭素のほかにクロム（Cr）ニッケル（Ni），マンガン

（Mn），モリブデン（Mo）など一種類以上の金属をごく少量加えた**合金鋼**とに区別する。

　建築材料にはほとんど炭素鋼が用いられ，炭素の含有量は約0.7％以下のものが多い。炭素鋼は炭素含有量により，慣例的に表3・1のように区分される。建築用の構造用鋼材には主に**軟鋼**，**半軟鋼**が用いられる。

表3・1　炭素鋼の分類

種　類	炭素量(%)	引張強さ (N/mm²)	伸び(%)	焼入効果	用　　　途
極軟鋼	0.15 未満	320〜360	30〜40	否	薄鉄板・鉄線・リベット・管
軟　鋼	0.15〜0.28	380〜420	24〜36	〃	リベット・管・建築用棒鋼・形鋼
半軟鋼	0.28〜0.40	440〜550	22〜32	やや可	建築用材・軸類・工具・軌道
硬　鋼	0.40〜0.50	580〜700	14〜26	良	軸類・歯車・工具・スプリング
最硬鋼	0.50〜0.60	650〜1000	11〜20	〃	工具・スプリング・鋼線

3・2　製鉄と加工・成形

3・2・1　製　　　　鉄

(1) 製　　　　鉄

　まず，**鉄鉱石**から，溶鉱炉で**銑鉄**をつくり，銑鉄からさらに各種の鋼をつくる。銑鉄を製造するには，鉄鉱石のほかに**コークス・石灰石**などを溶鉱炉に入れ，高圧・高温の空気で燃焼させる。図3・1は，製鉄の工程を示したものである。

　溶鉱炉からは，溶銑とともに，鉱石中の岩石やコークスの灰などの不純物が石灰石と結合して**スラグ**となって流失する。スラグは，破砕して高炉セメントや骨材などの原料として用いられる。

　溶鉱炉から出た銑鉄（ずく）は炭素量が多いので，転炉で純酸素を吹き付け，炭素を酸化させ適度な量として鋼とする。くず鋼などは電気炉により鋼とする。さらに，溶けた鋼を連続鋳造設備により鋼片とする。その後，圧延設備により加工し，鋼材とする。鋼材には線材，厚板，薄板，鋼管などがある。

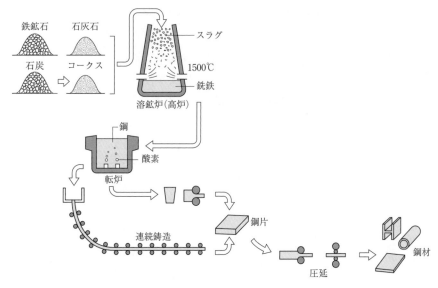

図3・1　鉄鋼製品の製造工程

　鋼を720℃以下で加工する方法を**冷間加工**といい，鋼の組織はち密になるが，加工度が進むほど内部に著しいひずみを生じ，粘り強さが減少する。したがって構造用材に対してはこのような加工を避け，900〜1200℃で加工する。これを熱間加工という。

　(1)　圧　　　延

　約1000〜1200℃に加熱した鋼を，互いに反対に回転するローラ間に何回も通して所定の寸法に圧延する。圧延されたものを**熱間圧延鋼材**といい，鋼板・棒鋼・形鋼，継ぎ目なし管などの一般構造用の鋼材となる。

　(2)　引　抜　き

　釘・針金などの径5mm以下の鉄線は，ある太さまで熱間加工によって縮小した後，常温でダイスを通じて引抜加工する。引抜管もこの方法でつくられる。

3・3　炭素鋼の性質・種類

　鋼の性質は，炭素の含有量以外に温度によっても異なるが，一般に常温では，

密度・熱膨張係数・熱伝導率は炭素量が増すほど減少し，比熱は増加する。主なものは表3・2のようである。

表3・2　鋼の性質

密度(g/cm³)	融点(℃)	比　熱 (J/(kg・K))	熱伝導率 (W/(m・K))	熱膨張係数 (0～100℃)
7.86	1530	440	53	11.7×10^{-6}

　上の表に示した鋼の熱膨張係数は，コンクリートの熱膨張係数にきわめて近く，この点は鉄筋コンクリート構造につごうがよい。

3・3・2　機 械 的 性 質

(1)　応力度とひずみとの関係

　構造用鋼材は引張材として用いることが多いので，応力度[*1]とひずみ[*2]との関係は最も重要である。

　図3・2は，鋼材の引張試験における引張応力度とひずみとの関係である。図に示すように鋼材に外力を加えた場合，初めの間，ひずみは応力度に比例して直線的に大きくなる（**弾性域**）。比例関係が成り立つ最大限度の応力度を**比例限度**（①）という。また，外力を除いた場合，応力度とひずみが完全に0にもどる最大限度の応力度を**弾性限度**（②）という。外力がさらに加わると，ひずみは増大するがある点で応力度はやや下がりはじめる。この点を**上降伏点**（③）あるいは

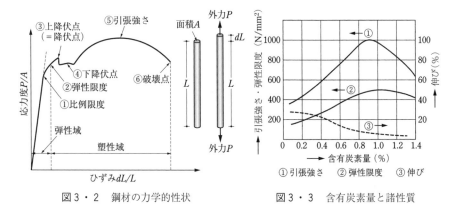

図3・2　鋼材の力学的性状　　　　　図3・3　含有炭素量と諸性質

注　＊1　応力度：単位面積当たりの力。応力ともいう。
　　＊2　ひずみ：もとの長さに対する変形量の比。

表3・3　炭素量と機械的諸性質

炭素量 （%）	ヤング係数 （kN/mm²）	引張強さ （N/mm²）	降伏点 （N/mm²）	伸び （%）	ブリネル硬さ
0.1	200～220	300～420	200～270	30	850～1150
0.15	以下同じ	370～450	240～280	25	1000～1250
0.25		440～550	240～350	24	1150～1450
0.35		500～600	300～400	22	1400～1650
0.45		600～700	300～450	17	1650～2050
0.60		700～850	400～500	12	2050～2500

一般的に**降伏点**という。さらに外力が加わると，応力度は一定でひずみがやや増加する。この点④を**下降伏点**という。それ以後は，応力度がまた増しはじめ，ひずみが急に大きくなり（**塑性域**），応力度は最大値を迎える。この最大応力度を**引張強さ**（⑤）という。その後は，伸びにより断面積が減少するため，みかけの応力度は低下し，破断にいたる。破断したときの応力度を**破壊点**（⑥）という。

　また，図3・3および表3・3に示したように，引張強さ・弾性限度は炭素の増加とともに上昇し，約0.85%で最大となり，それ以上になると再び低下する。この間，伸びはだんだん小さくなる。

(2)　圧縮・曲げ強さ

　鋼の圧縮強さは引張強さに似ているが，炭素量 0.85 %以上になっても強さは低下しないでかえって増加する。また，曲げ強さは炭素量が少ないほど小さく，曲げ試験において，軟鋼は内側に多少のすきまを設けると180°に曲げられるが，硬鋼はほとんど曲げられない。

(3)　硬　　　さ

　硬さは**ブリネル硬さ**などで表されるが，引張強さと密接な関係があり，引張強さの数値の約2.8倍である。

3・3・3　熱 的 性 質

　加熱されたときの炭素鋼の強さは，図3・4のようであり，約100℃まではあまり変化がないが，以後増大し200～300℃

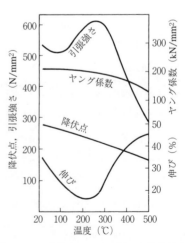

図3・4　高温度における鋼の力学的性質

で最大となる。その後軟化して500℃では常温の約1/2，1000℃では0となる。このように鋼は，高温になると著しく強さが低下するから，鉄骨構造は火災にあうと大きな被害を生ずる危険があるので，**耐火被覆**を施すことが不可欠である。

3・3・4　熱　処　理

　鉄は，その温度領域で形成される組織によって，フェライト（911℃以下），オーステナイト（911℃～1392℃），デルタフェライト（1392℃～1536℃）と呼ばれ，1536℃を超えると液体になる。マルテンサイトは，安定なオーステナイトを急冷することによって得られる組織である。熱処理は，鋼を熱して再び冷却し，内部の分子構造を変化させて，元と異なった性質を与える。例えば，**焼なまし**は鋼を800～1000℃に熱し，その温度を数十分間保った後，徐々に冷却するもので，高温で鍛造または圧延したと同じように鋼の組織は密になり，引張強さは低下するが均質で軟らかくなる。**焼入れ**は，熱した後に冷水・温水または油に浸して急冷させマルテンサイトへと変態させるもので，伸びが減少してもろさを増すが，強さ・硬さ・耐摩耗性が増大する。また，**焼もどし**は，焼入れした鋼を再度200～600℃に熱し，空気中で徐々に冷却するもので，もろさを改善させる。また，常温でオーステナイトに応力を加えることでマルテンサイトを生じることもある。形状記憶合金は，この変態を利用したものである。

3・3・5　構造用鋼材の種類

　建築に使われる主な構造用鋼材の種類には次のようなものがある。

(1)　一般構造用圧延鋼材

　構造物，部材などに広く用いられる鋼材で，SS（Steel Structure）の記号で表される。例えばSS400と表し，400は引張強さ（N/mm²）の最小値を表す。JIS G 3101に示された一般構造用圧延鋼材の引張りおよび曲げの機械的性質を抜粋すれば，表3・4のようである。

(2)　建築構造用圧延鋼材

　建築鉄骨固有の要求性能を考慮した鋼材で，SN（Steel New Structure）の記号で表される。SS材よりも降伏点または耐力・降伏比の上限などが厳しく規定されており，骨組みの塑性変形による地震エネルギーの吸収能力などを高めている。

表 3・4 一般構造用圧延鋼材の機械的強さ

種類の記号 SS400	降伏点又は耐力 N/mm²				引張強さ N/mm²	鋼材の厚さ (1) mm	引張試験片	伸び %	曲げ性		
	鋼材の厚さ (1) mm								曲げ角度	内側半径	試験片
	16以下	16を超え40以下	40を超え100以下	100を超えるもの							
SS400	245以上	235以上	215以上	205以上	400〜510	鋼板,鋼帯,平鋼,形鋼の厚さ 5以下	5 号	21以上	180°	厚さの1.5倍	1 号
						鋼板,鋼帯,平鋼,形鋼の厚さ 5を超え16以下	1A号	17以上			
						鋼板,鋼帯,平鋼,形鋼の厚さ 16を超え50以下	1A号	21以上			
						鋼板,平鋼,形鋼の厚さ 40を超えるもの	4 号	23以上	180°	径,辺又は対辺距離の1.5倍	2 号
						棒鋼の径,辺又は対辺距離 25以下	2 号	20以上			
						棒鋼の径,辺又は対辺距離 25を超えるもの	14A号	22以上			

注 (1) 形鋼の場合,鋼材の厚さは,付属書1図1の試験片採取位置の厚さとする。
　　棒鋼の場合,丸鋼は径,角鋼は辺及び六角鋼は対辺距離の寸法とする。

(3) 溶接構造用圧延鋼材

溶接性に優れた鋼材で,当初は造船用に使われていたことからSM（Steel Marine）の記号で表される。SS材よりも化学成分の含有量が細かに規定されている。

(4) TMCP鋼

高性能鋼材とも呼ばれており,超高層ビル用,大スパン用の構造用鋼材として用いられる。

(5) 高張力鋼

引張強さが高く,溶接性,靱性および加工性に優れる鋼材である。

(6) 建築構造用耐火鋼材

FR鋼とも呼ばれる。一般鋼に対して高温時の強度が高い鋼材。

(7) 低降伏点鋼

軟鋼に比べ強度が低く，延性がきわめて高い。制振ダンパーなどに用いる。

3・4 炭素鋼以外の鉄類

3・4・1 鋳 鉄

炭素量 1.7〜6.7％のものを**鋳鉄**といい，一般的に用いられている鋳鉄は炭素量 2.5〜5％である。鋳鉄は，圧延・鍛造などの機械的加工はできないが，鋳造性がきわめて良好なので，複雑な形状のものでも容易につくれる特徴があり，いわゆる鋳物（いもの）と呼ばれる。

(1) 普 通 鋳 鉄

銑鉄からつくった鋳鉄を**普通鋳鉄**といい，その種類と性質は表3-5のようである。用途としては，強さよりも外装を主とした窓格子・さく・装飾金物・放熱器・鋳鉄管などに広く用いられる。

白銑（白鋳鉄）は強さを要する鋳物に用いられる。**ねずみ銑**（ねずみ鋳鉄）は結晶が比較的軟質で，収縮の少ない加工が容易な鋳物ができる。

表3・5 普通鋳鉄の性質

種 類	色	比重	融点	硬さ	引張強さ	収縮	縦弾性係数
白銑	銀白	7.5〜7.7	1100℃	鋳鉄中最高	比較的大	大2％内外 鋳造困難	1.71〜1.87 ×10⁵N/mm²
ねずみ銑	黒灰	7.0〜7.1	1225℃	柔軟で 加工安易	比較的小	0.5〜1.0% 鋳造容易	1.0〜4.0 ×10⁵N/mm²

(2) 可 鍛 鋳 鉄

可鍛鋳鉄は，白銑を用いて鋳物をつくり，これに熱処理を施したものである。普通鋳鉄に比べて，展性・延性が大きく，鋼のような粘り強さがある。建築材料として，ジベル・管継手・錠・車輪などに用いられる

(3) 高 級 鋳 鉄

黒鉛の含有量や配列を改良し，引張強さを高くしたものを高級鋳鉄という。

(4) 鋳 鋼

鋳鋼は，鋼や鋼性鋳鉄（ねずみ銑に軟鋼のくず鉄を加えて溶融してつくったもので，鋼と鋳鉄との中間の性質をもつ）を1500℃くらいで熱し，特殊な装置で鋳込んでつくられる。炭素量0.1〜0.5％を含有し，鋼と同じ降伏点・硬さをもつ

が, 伸びは鋼に比べて小さい。構造用材のうち鉄骨構造の柱脚, 柱と梁の接合部などに多く用いられる。

3・4・2 合　金　鋼

　合金鋼は特殊鋼とも呼ばれ, 炭素鋼にほかの元素を加えたもので, 炭素鋼では得られない優れた機械的性質または化学的性質をもっている。

(1) 構造用合金鋼

　炭素 (0.5％以下) 以外にニッケル・クロム・モリブデンなどの金属を5％以下加え, 強さと伸びを大きくしたものである。引張強さ・降伏点が著しく高く, かつ伸びが大きく, 衝撃・疲労に耐える。表3・6は, 構造用合金鋼の機械的性質・成分の例を示したものである。

　これらの合金鋼は, 構造物の安全性の増加, 部材断面の縮小, 建築物の高層化などに有用である。プレストレストコンクリートの**PC鋼線** (JIS G 3356) には, 炭素量 0.59～0.65 ％を含有した, 引張強さ・粘りの大きい**ピアノ線材** (JIS G 3502) が用いられる。

表3・6　構造用合金鋼の代表例

鋼種別	組　　成（%）				引張強さ (N/mm²)	降伏点 (N/mm²)	伸び (%)	特　徴
	Ni	Cr	Mo	C				
クロム鋼	－	0.9～1.2	－	0.13～0.48	780～980 以上	635～835 以上	12～18 以上	引張強さ大, 伸び衝撃力低下, もろく弱い
ニッケルクロム鋼	1.0～3.5	0.5～1.0	－	0.12～0.40	740～930 以上	590～785 以上	12～22 以上	強さ・硬さ・用途大
ニッケルクロムモリブデン鋼	0.4～4.5	0.4～3.5	0.30～1.2	0.12～0.50	830～1080以上	685～930 以上	12～20 以上	衝撃値高く, 切削容易
クロムモリブデン鋼	－	0.9～1.5	0.30～0.45	0.13～0.48	830～1030以上	685～885 以上	12～18 以上	溶接によく, 薄鋼板として良好

(JIS G 4120～4105による)

(2)　ステンレス鋼

炭素鋼に比べて空気中・水中などでさびにくい特徴をもつ。このうち，低炭素含有のものはさびにくく軟質であり，高炭素含有のものはややさびやすいが硬質である。JIS G 4321では，「建築構造用ステンレス鋼材」として，SUS304A，SUS316A，SCSI 3AA-CF，SUS304N2Aの4種類を規定している。また，18-8ステンレスでは，18%のクロムと8%のニッケルを含んでいる。特に，クロム18〜20%，ニッケル8〜11%のSUS304Aは，軟質でさびにくい。装飾金物または食器・台所流しなどに広く用いられ，特に硬質のものは刃物などに用いられる。

(3)　銅　　鋼

銅鋼は，銅0.2〜0.3%を含む軟鋼であって，ニッケルクロム鋼には及ばないが，相当の耐食性があり，強さも大きく，ステンレス鋼より安価である。鋼矢板などに用いられる。

(4)　耐候性鋼

鋼に，P，Cu，Cr，Niなどの元素を含有させることで，大気中における適度な乾湿の繰り返しにより表面に緻密な錆を形成することで腐食に耐える性質を増加させた鋼材である。高耐候性圧延鋼材は特に高い耐候性を有する。

3・5　鉄類以外の金属（非鉄金属類）

鉄類以外の金属で，建築材料として用いられているものの性質を示すと，表3・7，3・8のようである。

表3・7　非鉄金属の性質

金　　　　属	密度（g/cm³）	融点（℃）	熱膨張係数（/℃）
銅	8.9	1080	17×10^{-6}
アルミニウム	2.7	660	23×10^{-6}
ス　　　ズ	7.3	230	21×10^{-6}
鉛	11.3	330	29×10^{-6}
亜　　　鉛	7.1	420	－
ニッケル	8.9	1450	13×10^{-6}
チ タ ン	4.5	1670	9×10^{-6}

表3・8　非鉄金属の機械的性質の例

金　　　属	引張強さ (N/mm²)	降伏点 (N/mm²)	密　度 (g/cm³)
銅	160～360	98～350	8.9
黄　　　　銅	210～280	100～250	8.4～8.8
青　　　　銅	280～1400	140～1220	7～9
亜鉛および合金	105～215	70～175	6.6～7.1
鉛 お よ び 合 金	14～84	7～70	10.5～11.5
すず お よ び 合 金	14～105	9～70	7.3～7.8
アルミニウムおよび合金	91～504	35～434	2.6～2.9

3・5・1　銅とその合金

(1)　銅

　我が国の銅鉱の多くは黄銅鉱である。一般に展性・延性に富み，加工しやすいが鋳造性は少ない。熱および電気の伝導率が大きく，乾燥した空気中では変化しない。また，湿気中では炭酸ガスなどの働きによって白緑色のろくしょう（緑青）を生ずるが，内部への侵食は少ない。アルカリに弱く，硝酸・濃硫酸にも溶けやすいが，薄い酸には強い。

　屋根ぶき・下見張り・とい・釘などに用いられる。建築用には 0.2～0.5 mmの厚さのものがよく用いられる。鉄よりも耐久性がある。表3・9は銅板のJISを示したものである。

表3・9　銅板（タフピッチ銅板1種）の規格

質別	記号	引張試験		
		厚さ（mm）	引張強さ (N/mm²)	伸び (%)
O	C110P-O	0.5以上30以下	200以上	35以上
1/4H	C110P-1/4H	0.5以上30以下	220～230	25以上
1/2H	C110P-1/2H	0.5以上20以下	250～320	15以上
H	C110P-H	0.5以上10以下	280以上	－

(JIS H 3100による)

(2)　黄　　　銅

　銅（Cu）と亜鉛（Zn）とを主体とする合金で，亜鉛の含有量は10～45％である。真鍮とも呼ばれる。黄銅の色調は亜鉛の量によって変化する。美しい色調をもち，加工が容易で，かつ機械的性質に優れ，耐食性も大きいが，酸・アルカリに

侵されやすい。建築金物および装飾金物として広く用いられる。5円硬貨に用いられる。

(3) 青　銅

銅とスズ(Sn)とを主体とする合金で，スズの含有量は4〜12%である。ブロンズとも呼ばれる。性質はスズの量によって変化する。青銅は黄銅よりもさらに耐食性が大で鋳造しやすく，表面は特有の美しい青緑色で，装飾金物または美術工芸材料に多く用いられる。10円硬貨に用いられる。

砲金は10%までスズを含有し，さらに亜鉛や鉛も含有する銅合金で，強さ・硬さが大きいので，機械・歯車，建築用金物に用いられる。

(4) そ の 他

リン青銅はリンを含んでいる青銅で，弾性・耐摩耗性が大きいので軸受けに用いられる。アルミニウム青銅（アルミ金）は，スズのかわりにアルミニウム12%以下を加えた合金で，黄金色を利用して装飾金物に用いられる。銅とニッケルとの合金を**白銅**といい，100円硬貨に用いられる。

そのほか銅に1〜10%の金その他を加えた赤銅，銅と銀の合金である四分一（しぶいち）などがあり，いずれも装飾金物などに用いられる。

3・5・2　アルミニウムとその合金

(1) アルミニウム

アルミニウム原鉱は，ボーキサイトが最も優れているが，我が国では産出しないため輸入している。まず純粋なアルミナ（Al_2O_3）をつくり，これを電解してアルミニウムをつくる。

展性・延性および引抜加工性に富み，軽いわりには強く，軟らかくて加工しやすい。空気中では表面に酸化膜ができるが，これが保護の役割をするので耐食性が大きい。酸・アルカリに弱いからコンクリートに接するところは防食をする必要がある。また，耐火性にとぼしく，100℃以上になると強さが低下する。屋根材・室内装飾・家具・建具・サッシ・カーテンレールなどに広く用いられている。2002年5月に建築基準法が改正され，アルミニウム合金は建築構造材として認定されてからアルミニウム建築がつくられるようになった。

(2) アルマイト

電解法によってつくられる酸化アルミニウムのち密な被膜で，アルミニウム面

だけでなく，他の金属面にも付着させることができる。この被膜は，耐食性が大で酸にも強く，また熱および電気の伝導率が小さい。

テルミットは，アルミ粉に酸化鉄粉を混ぜたもので，加熱溶融して鉄の溶接に用いることがある。

(3)　アルミニウム合金

その種類はきわめて多いが，鋳物用と鍛錬用に大別できる。アルミニウムは加工しやすいが軟らかいので，強さ・耐食性を増すときにはマンガン・マグネシウムなどを加える。

主なアルミニウム合金には，以下のものがある。

1)　純アルミニウム（1000系）

反射板・照明器具・装飾品・放熱材などに使用される。強度が低いため，構造材としては適さない。

2)　Al-Cu-Mg系合金（2000系）

ジュラルミンと呼ばれる。鋼材に匹敵する強度があり，構造用材や鍛造材として使用される。比較的多くのCuを添加しているため耐食性に劣り，厳しい腐食環境にさらされる場合には十分な防食処理を必要とする。

3)　Al-Mn系合金（3000系）

Mn（マンガン）の添加によって純アルミニウムの加工性，耐食性を低下させることなく，強度を少し増加させたものである。アルミ缶・カラーアルミ・屋根板などに使用される。

4)　Al-Mg-Si系合金（6000系）

強度・耐食性とも良好で構造用材・アルミサッシに多量に使用されている。鉄道車両・自動車部材・陸上構造・船舶などにも使用されている。

5)　Al-Zn-Mg系合金（7000系）

比較的高い強度があり，溶接部の強度も良好なため溶接構造用材料として鉄道車両，陸上構造物などに使用される。

(6)　8000系合金（その他の合金）

低密度・高剛性材として開発されたAl-Li系合金，Feを添加することによって強度と圧延加工性を付与したアルミはく用合金などがある。

3・5・3　その他の金属

(1)　ス　　ズ

スズ(Sn)は，青白色の光沢があり，展性・延性が大で 0.01 mmのはく(箔)にすることができる。また，融点は金属中最も低い。空気中または水中ではさびにくいが，うすい酸には侵される。スズは，さび止めや防湿などを目的として鋼板・鉛管・銅器・食器などの表面のめっきあるいははくとして用いられ，合金としての用途も広い。鋼板にスズめっきしたものを**ブリキ**という。

(2)　鉛

軟質で展性・延性が大で，空気中ではその表面に炭酸鉛の被膜ができ，これによって内部を保護する。酸その他の薬液には侵されないが，アルカリには侵食される。したがって，コンクリート中に埋め込む場合などには，適当に表面をおおう必要がある。衛生工事や防水用・防湿用，レントゲン室内張り，外装材などに用いられる。

図3・5　鉛による屋根仕上材
(白色に変色し，エイジング効果がある。)

(3)　亜　　鉛

強さ・延性・耐食性に優れ，空気中および水中では，表面に水酸物の被膜を形成して内部を保護する。単体で薄板・線または釘などに用いられるほか，さび止めの目的で薄鋼板および針金のめっきに利用される。亜鉛めっき鋼板は，亜鉛鉄板または**トタン**とも呼ばれる。

(4)　スズ・鉛合金

この系の合金には，器具用，はんだ，ろう（金属接合用合金）などがある。器具用はスズ器と呼ばれる。建築金物・装飾金物類は約20％の鉛を含んでいる。

はんだは，融点が約180℃で低く，作業は容易であるが，強さ・硬さは小さい。一般の建築鉄板類の接着工事に用いられる。

ろうには，融点が高く（830～890℃），接合部の機械的性質のよい洋銀ろう・黄銅ろうなどがある。

(5)　可融合金

スズ・鉛など比較的融点の低いものを適当に配合し，純スズ（232℃）よりさ

らに低温でとけるようにしたものである。金属の接合用のほか，スプリンクラーの散水頭，ヒューズなどに用いられる。

(6) ニッケル

ニッケル（Ni）は展性・延性に富み，美しい青白色の光沢があって耐食性が高いから，空気中および水中でも酸化して色のさめることがほとんどない。単体では主にめっきとして装飾用に広く用いられるが，合金としても用いられる。ニッケルクロム合金は，常温加工が容易で優れた機械的性質をもっている。

洋銀は銅・ニッケル・亜鉛の合金で，ホワイトブロンズといわれる。色調が美しく，耐酸性・耐アルカリ性であるから，扉・手すり・電気器具などに鋳物として用いられる。

(7) チ タ ン

チタン(Ti)には純チタンとチタン合金があるが，建材としては加工性のよい純チタンが用いられる。チタンの特徴は高い耐食性にあり，酸性雨に強く，通常使用におけるさびに対してはメンテナンスフリーとされていて，屋根・内外壁・モニュメントあるいは海洋構造物などに使われる。

3・6　金属の腐食とその防止

3・6・1　腐　　　食

2種の異なった金属を電解質の溶液中に浸すと，**電気化学的反応を生じ，イオン化傾向の大きなものの方が腐食される**（巻末の付図参照）。例えば銅板と鋼板とを相接して用いたり，アルミニウム板の屋根に鋼製の釘やねじを用いると，雨水または湿気が電解液の作用をして，それぞれ鋼板やアルミニウム板の腐食が促進される。

また，鋼板は，これを単独に用いても，湿気中または水中では，水の分解によって電解作用を生じ，表面に赤さびを生ずる。湿気および水中に炭酸ガスが存在すると，この腐食作用はいっそう促進される。

そのほか，石炭・コークスの燃焼による硫黄の酸化物や，空気中のちり・煤煙，海浜地帯の塩分などによる腐食および土による腐食などがある。

また，金属は単独に用いても，金属の質が部分的に物理的（ひずみの程度また組織の粗密）または化学的（成分またはさびの程度）に異なる場合には，それらの間に局部電流が起こって腐食される。例えば，鋼板に穴をあけるとその周辺が

他の部分よりいっそう早く腐食されたり，純度の低いアルミニウムが腐食しやすいのもこのためである。

3・6・2　防　食　法

金属の防食法として，次のような対策が考えられる。

1）異なった金属は，できるだけ相接して用いない。

2）均質なものを選び，使用するときには大きなひずみを与えないように注意し，ひずみが生じた場合は焼なましする。

3）表面を平滑・清浄にし，水または湿気に接しないようにする。また，部分的なさびなどはすみやかに除去する。

4）塗料あるいは耐食性の大きい金属で保護被膜をつくる。これには次のような処理法がある。

　a）　ペイント・ワニス・漆などを塗布または焼付けして金属材料の表面に塗装被膜をつくる。摩耗しやすいが，装飾的で一般に用いられる。

　b）　トタン・ブリキ・ブロンジングなどのように，めっき仕上げとする。ただし，めっきは，部分的に不完全なところがあるとかえって腐食を早める。

　c）　アルミニウムにはアルマイト，鋼材には黒皮などのち密な被膜を材表面に形成させる。

　d）　ホーロー鋼板とする。ホーローは，金属の表面に薄い無機ガラス質の被膜を溶着させたものである。

5）モルタル・コンクリートで鋼を保護する。鋼はアルカリ中で安定なためさらに有効である。鉄筋コンクリートはこれを利用したものである。

3・7　金　属　製　品

3・7・1　構　造　用　材

構造用材として用いられる炭素鋼には形鋼・棒鋼・鋼板などがある。

(1)　形　　　鋼

鉄骨構造の骨組みとして使われる重要な部材で，図3・6に示すものがある。H形鋼は，他の形鋼に比べて，断面効率や剛性に優れており，広く用いられている。Hの横2本の部分をフランジ，縦1本の部分をウェブと呼ぶ。(a) はアン

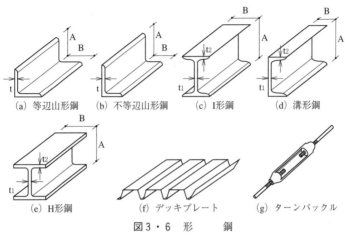

(a) 等辺山形鋼　(b) 不等辺山形鋼　(c) I形鋼　(d) 溝形鋼

(e) H形鋼　　(f) デッキプレート　(g) ターンバックル

図3・6　形　鋼

表3・10　形鋼の寸法例

種　　　類	$A \times B$ (mm)	t	t_1	t_2 (mm)
等辺山形鋼	$25 \times 25 - 250 \times 250$	$3 \sim 35$		
不等辺山形鋼	$90 \times 75 - 150 \times 100$	$7 \sim 15$		
I　形　鋼	$100 \times 75 - 600 \times 190$		$5 \sim 16$	$8 \sim 35$
溝　形　鋼	$75 \times 40 - 380 \times 100$		$5 \sim 13$	$7 \sim 20$
H　形　鋼	$100 \times 50 - 900 \times 300$		$4.5 \sim 45$	$7 \sim 20$

A：長さ　B：幅　t：厚さ　　　　　　　　　　(JIS G 3192による)

グルとも呼ばれ，H形鋼の次に需要が多い。I形鋼はフランジの内側にテーパー
（勾配）をつけてH形鋼と区別している。

(2)　鉄筋コンクリート用棒鋼

鉄筋コンクリート用棒鋼（JIS G 3112, 3117）には丸鋼・異形棒鋼がある。異
形棒鋼の径の呼び名にはD4, D5, D6, D8, D10, D13, D16, D19, D22,
D25, D29, D32, D35, D38, D41, D51までの16種があり，数値はおおよその
直径（mm）を表す。

異形棒鋼は，コンクリートの付着をよくするために特殊な形状をもったもので，
図3・7のようなものがある。

鉄筋は，種類と降伏点（下降伏点）
を組み合わせた記号により表示される。
SRは丸鋼（Steel Round），SDは異形棒
鋼（Steel Deformed）を表す。例えば，

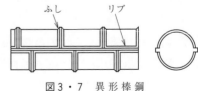

図3・7　異形棒鋼

表 3・11　鉄筋コンクリート用棒鋼の種類を区別する表示方法（JIS G 3112—2020）

種類の記号	種類を区別する表示方法	
	圧延マークによる表示	色別塗色による表示
SR235		赤（片断面）
SR295	適用しない	白（片断面）
SR785		適用しない
SD295	圧延マークなし	適用しない
SD345	突起の数 1 個（・）	黄（片断面）
SD390	突起の数 2 個（・・）	緑（片断面）
SD490	突起の数 3 個（・・・）	青（片断面）
SD590A	突起の数 4 個（・・・・）	水色（片断面）
SD590B	突起の数 4 個（・・・・）	ピンク（片断面）
SD685A	突起の数 5 個（・・・・・）	赤（片断面）
SD685B	突起の数 5 個（・・・・・）	黒（片断面）
SD685R	圧延マークなし	黄土色（片断面）
SD785R	圧延マークなし	紫（片断面）

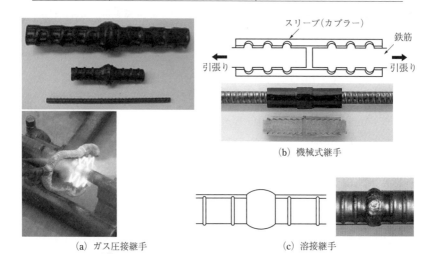

(a) ガス圧接継手　　　(b) 機械式継手　　　(c) 溶接継手

図 3・8　鉄 筋 継 手

SD295 というと，異形鉄筋で，降伏点が 295 N/mm^2 以上となる。JIS に規定されている鉄筋には，次のようなものがある。

丸鋼：SR235，SR295，SR785

異形棒鋼：SD295，SD345，SD390，SD490，SD590（A，B），SD685（A，B，R），SD785R

表3・12　板類の規格・用途

区分	厚さ t (mm)	幅 b (mm)	長 さ	用　　　途
平鋼	6，9の2種類が多く，4.5〜36である。	25〜300	3.5〜15.0 (m)	鉄骨柱，梁のつなぎなど
鋼板	1.2〜50.0の間に40種以上もある。	600〜3000	1829〜12192 (mm)	同上および鋼矢板 造船・車両など

(JIS G 3193, 3194から)

　鉄筋コンクリート用棒鋼の表示方法には表3・11がある。

　2本の鉄筋をつなぎ合わせることを継手という。鉄筋の継手には大別して4種類ある。**重ね継手**は鉄筋を所定の長さ重ねて，周囲のコンクリートとの付着を利用して力を伝達させる工法である。**ガス圧接継手**は，鉄筋端部を突合せ，加熱と同時に加圧して，原子結合で鉄筋を一体化する工法である。**機械式継手**は，スリーブ（カプラー）を鉄筋端部に被せ，鉄筋の節とスリーブの噛み合いやねじによる接合を利用して鉄筋を一体化する工法である。**溶接継手**は，鉄筋端部を突合せ，溶接ワイヤを挿入してアーク溶接を行い，鉄筋を一体化する工法である。

(3) 鋼 板 類

　鋼板類には平鋼（JIS G 3194）・鋼板（JIS G 3193, 3143）がある。表3・12は，これらの規格・用途を示したものである。厚さ3.0 mm以下のものを薄鋼板，3 mm以上6 mm未満のものを中板，6 mm以上を厚板，150 mm以上を極厚板と呼ぶ。中板は，構造用鋼板，ボイラ・圧力容器用鋼板，床用鋼板などに使われる。薄鋼板は，軽量形鋼や鋼製型枠などの用途に用いられることが多い。

(4) 鋼管・鋳鉄管

　鋼管は，その製法によって引抜鋼管と溶接鋼管に分類されるが，ふつう用いられているのは軟鋼の引抜鋼管である。用途によって，配管用炭素鋼鋼管・一般構造用炭素鋼鋼管などがあり，給排水・暖房電気工事などの建築設備工事あるいは鋼管足場・パイプサポートなどの仮設用材に用いられる。

　鋳鉄管は，鋼管に比べてもろいので曲げることはできないが，耐食性は鋼管より大きいので，給排水管に用いられる。**コンクリート充てん鋼管**（CFT：Concrete Filled Steel Tube）造にも使われる。

(5) 軽量形鋼

帯鋼を数組のロールで順次連続して冷間加工した形鋼である。厚さ4mm以下の薄い肉厚で，軽くて機械的性質がよいので，住宅などの軽量鉄骨構造に広く用いられている。図3・9は，軽量形鋼の形状を示したものである。

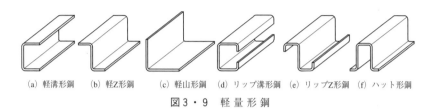

(a) 軽溝形鋼　(b) 軽Z形鋼　(c) 軽山形鋼　(d) リップ溝形鋼　(e) リップZ形鋼　(f) ハット形鋼

図3・9　軽量形鋼

3・7・2　構 造 用 金 物

(1) ボルト・ナット

図3・10で，片ねじまたは両ねじボルトは主に継手・仕口の締結，つりづか・筋かいなどに用いられる。また，埋込みおよび鬼ボルトは，一端をコンクリートまたは石材中に埋め込んで，ほかの材を取り付ける場合に用いられる。仕上げの程度によって黒皮・半みがきの区別があるが，ふつう，建築工事には前者が用いられる。**ターンバックル**もボルトの一種

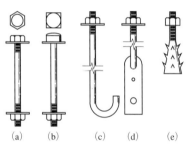

(a) 普通ボルト　　　(b) 角頭ボルト
(c) アンカーボルト　(d) 羽子板ボルト
(e) 鬼ボルト

図3・10　ボルト

である。このほか，鉄骨構造部材の接合に用いられる高力ボルトがあり，その引

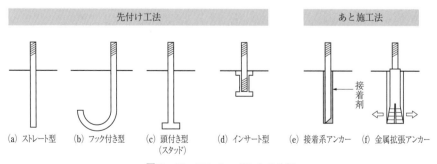

| 先付け工法 | | | | あと施工法 | |

(a) ストレート型　(b) フック付き型　(c) 頭付き型（スタッド）　(d) インサート型　(e) 接着系アンカー　(f) 金属拡張アンカー

図3・11　アンカーボルトの分類

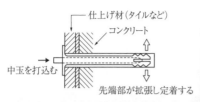

(a) アンカーピン　　　(b) 簡易型引張試験器によるアンカーピンの定着力の測定

図 3・12 アンカーピンとアンカーピンの定着力の測定

張強度やボルトを締め付けるときのトル
ク係数などによって，種類が呼び分けら
れている（JIS B 1180, 1181, 1186）。

　コンクリートへの各種設備，器具，構
造部材の接合には**アンカーボルト**が用い
られる。

　図3・11にはアンカーボルトの分類を
示す。外壁のモルタル仕上げ，タイル仕
上げの剥落防止補修にはアンカーピンが
用いられる（図3・12）。

(2) 釘

　釘類には鉄丸釘（JIS A 5508）以外に
銅釘・黄銅釘などがあり，その形状・寸
法などは用途により種類が非常に多い。

表 3・13 鉄丸釘の種類 (mm)

呼び方	長さ L	胴部径 d	頭部径 D (参考値)
N 19	19	1.50	3.6
N 22	22	1.50	3.6
N 25	25	1.70	4.0
N 32	32	1.90	4.5
N 38	38	2.15	5.1
N 45	45	2.45	5.8
N 50	50	2.75	6.6
N 65	65	3.05	7.3
N 75	75	3.40	7.9
N 90	90	3.75	8.8
N100	100	4.20	9.8
N115	115	4.20	9.8
N125	125	4.60	10.3
N150	150	5.20	11.5

(JIS A 5508より)

　表3・13は鉄丸釘の規格を示すが，太さをBWG（イギリス式）により示す場合
もある。

　木造工事では，ふつう，板厚の2.0～2.5倍以上の長さのものを用いる。鉄釘に
亜鉛めっきを施したものは，瓦・スレート・トタンぶきまたは雨水のかかる場所
の施工に用いられる。

(3) 木 ね じ

鉄製・黄銅製のものがあり，径は 0.8〜15.9 mm，長さは 6.4〜192.4 mmである。頭の形はさら形・丸形・半丸形などがあり，みぞの形には一文字形と十字形とがある。主として造作工事に用いられ，振動を受けるような場所に有効である。また，径が大きく，頭がボルトのようなコーチスクリューなどもある。

(4) 継手・仕口の補強金物

軸組構法の木工事における構造継手または仕口の補強に用いられるもので，短冊金物，ひら金物，箱金物，かね折金物，ひねり金物，折り曲げ金物，くら金物，山形プレート，筋かいプレート，火打ち金物，ホールダウン金物，腰掛金物，かすがい（図 3・13）等がある。高品質な軸組構法用金物は **Z マーク金物** として認定を受ける。枠組壁工法住宅用の高品質接合金物には C マーク表示制度がある。

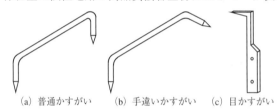

(a) 普通かすがい　　(b) 手違いかすがい　　(c) 目かすがい

図 3・13　かすがい

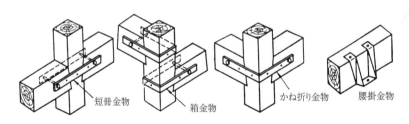

短冊金物　　　　　箱金物　　　　　かね折り金物　　腰掛金物

図 3・14　継手・仕口の補強金物

3・7・3　薄鋼板・線材とその加工品

(1) 薄 鋼 板

厚さ 3 mm 未満のものをいう。溶融亜鉛めっき鋼板（JIS G 3302）には，平板と波板があり，波板はなまこ板とも呼ばれ，図 3・15のようなものである。いずれも屋根材料などに用いられる。主なメッキ鋼板の種類には以下がある。

1) **溶融亜鉛めっき鋼板**：一般的なめっき鋼板，屋根，外壁等の建築内外装材料。

2) 溶融亜鉛－5％アルミニウム合金
めっき鋼板：塗装鋼板，建築内外装

3) 溶融55％アルミニウム－亜鉛合金
めっき鋼板：耐熱性，耐食性に優れ
る。**ガルバリウム鋼板**。

4) 塗装溶融亜鉛めっき鋼板：溶融亜
鉛めっき鋼板に合成樹脂塗料を焼き
付け塗装したもの。屋根，外壁。

5) 樹脂化粧鋼板（塩ビ鋼板）：鋼板
に各種の樹脂を接着したり塗布し
たもの。屋根，建築内外装。

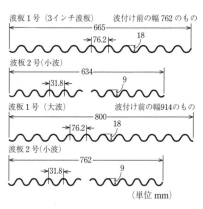

図3・15 なまこ板

(2) 銅板・黄銅板

銅板は屋根材料・といなどに用いられ，市販品には，両面みがき板・片面みが
き板・黒板（みがいてない延板のままのもの）などがある（JIS H 3100）。

(3) アルミニウム板

アルミニウム板（JIS H 4000）は，屋根材料のほか，加工品として穴あき吸音
板・軽量構造用材・サッシなどに用いられる。

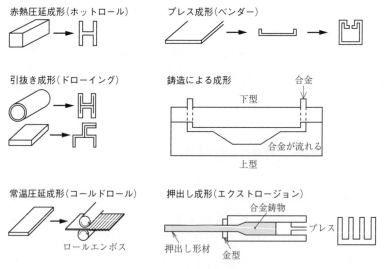

図3・16 成形技術の種類

(4) 線　　材

　普通鉄線・なまし鉄線・亜鉛めっき鉄線・釘用鉄線があり，建築用には，亜鉛めっき鉄線が多く用いられる。

(5) 加 工 品

　薄鋼板の加工品には，図3・17のように各種のメタル類，目地金物などがある。**メタルラス**（JIS A 5505）は，厚さ 0.5〜0.8 mmの薄鋼板に多くの切れ目を規則的に入れて横に引き伸ばしたもので，下地に用いられる。**パンチメタル**は，種々の形状の穴を打ち抜いたもので，換気孔，仕上材などに用いられる。**目地金物**には，鋼板にラッカーを吹付けしたものや，黄銅板などがある。**コーナービード**は亜鉛鉄板・黄銅板などでつくり，壁の出すみの保護などに用いられる。

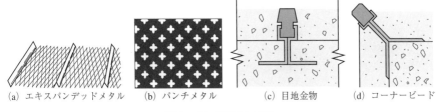

(a) エキスパンデッドメタル　　(b) パンチメタル　　(c) 目地金物　　(d) コーナービード

図3・17　薄板の加工品

　線材の加工品には，金網・ワイヤーロープなどがある。ワイヤーロープ（JIS G 3525）は，エレベータ・クレーン・上げ下げ窓用に用いられる。金網は索・コンクリート補強などに用いられる。そのほか，**ワイヤラス**（JIS A 5504）は，その形状によって甲形・丸形・ひし形などがあり，ふつう，鉄線を用いて壁下地に用いられることが多い。

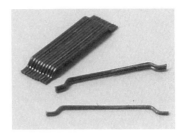

図3・18　スチールファイバー
（コンクリート練混ぜ時に分散）

3・7・4　建具用材

　サッシは，図3・19のような断面の
サッシバーを溶接してつくられる。ドア
には，ガラスドア，片面・両面フラッ
シュドアがある。これらには，軽量で外
観の美しいアルミニウム製と鋼製のもの
がある。シャッターは，建物の防火・盗
難予防を目的とする。そのほか，図3・
20に示したような各種の錠の他，車類・
アジャスター・戸当り・上げ落しなどが
ある。

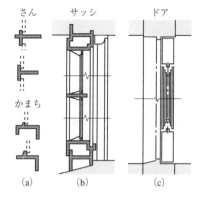

図3・19　サッシ・ドア

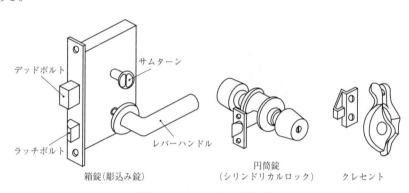

箱錠（彫込み錠）　　円筒錠（シリンドリカルロック）　　クレセント

図3・20　いろいろな建具金物

第4章
木　　　材
Wood

WPC のフローリング

　木材は最も使いやすい材料で，金属材料が建築に使用されるまでは，架構体を
つくり得る有用な材料であった。また，B.C.2000年頃のエジプトでは内外装品と
して既にベニヤが使われていた。我が国では建築材料としての木材はきわめて重
要な位置にあり，今でも住宅などに多く使われている。木材の供給状況は年々変
化してきており，近年では国産材の供給量は少なく，北米，北欧などの外国産材
が70％近くを占める状況となっている。

　木材の種類は多く，性質も様々であるが，一般には軽量でありながら強度が大
きい，通直な長大材を得やすい，また加工しやすいなどの利点がある。一方で，
可燃性・吸水性・腐朽性・収縮性・不均質性が大きいという欠点をもっている。
しかし，このような木材の欠点を改善するために加工した各種の木質製品・集成
材がつくられ，大規模な建築物に用途が展開するなど，建築材料としての木材の
使用は広がりをみせている。

4・1　樹木の成長・組織

4・1・1　成　　　　　長

　樹幹の横断面を見ると，図4・1のよ
うに，**樹皮・木部**および**髄（樹心）**の3
部からできている。樹皮の両側には，外
樹皮と内樹皮がある。樹木は，樹皮の直
下にある**形成層**の柔細胞（活細胞）が養
分をとって分裂し，木質化作用によって
外側に樹皮を，内側に木部を形成して成

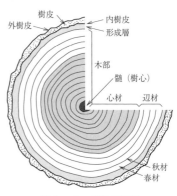

図4・1　樹幹の断面

長する。

　木質化作用は，四季のあるところでは春に始まり，夏にかけて盛んになり，形成された細胞も大きくなる。この部分を**春材**（はるざい，しゅんざい）または早材という。その後，夏の終わりから秋にかけて活動が衰え，この時期にできた細胞は小さく，かつ硬い。この部分を**秋材**（あきざい，しゅうざい）または晩材という。これらによって図4・2のように**年輪**が構成される。

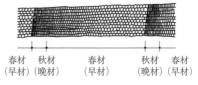

春材　秋材　　　春材　　　秋材　春材
（早材）（晩材）　　（早材）　　（晩材）（早材）

図4・2　春材と秋材

　樹木には**外長樹**と**内長樹**があるが，内長樹には樹皮の直下に形成層がなく，これに相当する柔細胞は木部に散在し，その分裂によって成長するので年輪はない。

4・1・2　組　　　　織

　図4・3および表4・1からわかるように，樹木を構成する細胞は樹種によって異なる。一般に，広葉樹は**木部繊維**の間に太い**導管**が見られ，針葉樹には細い**仮導管**が多数集まっている。このほか，組織を構成しているものには**樹脂溝**がある。これは針葉樹の細胞間に不規則に存在するもので，特に肥大したものは，**やにつぼ**または**やにすじ**といい，木材の欠点の一つになっている。

表4・1　樹木の組織

細　胞	樹　　　種		特　　　徴
	針　葉　樹	広　葉　樹	
導　　　管	存在しない。	木部に存在する。	樹液の運搬路であり，木はだに粗密さを与える。
仮　導　管	全容積の90〜97%	全容積の40〜75%	長さ1〜8mmで，樹木に強固性を与える。
木 部 繊 維	存在しない。		長さ0.5〜2.5mmで，樹木に強固性を与える。
木部柔細胞	導管・樹脂溝に近在する。		樹液の運搬路である。
髄線柔細胞	髄から樹皮部に放射状に存在する。		樹液の運搬路であり，装飾的価値がある。

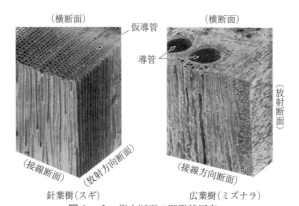

針葉樹(スギ)　　　　　広葉樹(ミズナラ)

図4・3　樹木断面の顕微鏡写真

（出典　島地　謙・須藤彰司：木材の組織，p.112（左），p.129（右），森北
出版（1976）（佐伯　浩氏提供））

4・1・3　辺材と心材

図4・1において，樹皮に近い木部は色調が白または淡黄色であって，細胞は
活力をもち樹液が多い。この部分を**辺材**（白太材）という。反対に，樹心に近い
木部は色調が濃く，細胞は半枯死状態で樹液は少なくタンニン・ゴム質などを含
むことが多い。これを**心材**（赤味材）という。一般に，辺材は心材に比べて乾燥
に伴う収縮や曲がり・反りが著しく，耐久性に劣り虫害にも侵されやすい。

4・2　樹木の種類

4・2・1　外　長　樹

外長樹は長さ方向ならびに太さ方向に成長する樹種であり，建築用木材のほと
んどは，この外長樹に属している。図4・4に示すように，外長樹には**針葉樹**と
広葉樹がある。広葉樹は一般に針葉樹に比べて材質が硬いことから**硬木**（かた
ぎ）類と呼び，これに対して針葉樹を**軟木**（やわぎ）類と呼ぶことがある。しか
し，きりのように軟らかい広葉樹もある。

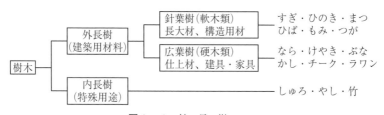

図4・4　外　長　樹

(1) 針 葉 樹

　通直な長大材が得やすく，加工がきわめて容易であることから，構造用材をはじめ様々な用途に用いられる。表4・2および表4・3は，建築用材料として比較的多く用いられる日本産材・輸入材の特性・用途などを示したものである。

表4・2　主要日本産材の特性および用途（針葉樹）

名　称	主　産　地	特　　性	用　　途
す　　ぎ	全国一般，特に秋田・静岡・愛知・三重・和歌山・奈良・京都	木理通直，軟質・軽量，水湿に耐え，加工きわめて容易	建築一般，柱・梁，建具・みがき丸太など用途は最も広い。
あ か ま つ	全国一般・特に岩手・宮城・福島・千葉・宮崎	樹脂分多く，反り大，水湿に耐え（生木は水中で完全不朽），辺材部が多い。	梁・敷居・根太・垂木，地業用の丸太，皮つき化粧丸太
く ろ ま つ	本州南部・九州・四国	樹脂分多く，あかまつより水湿に弱く，シロアリに侵されやすい。	あかまつとほぼ同じ。そのほかこけら板，白太もくを化粧天井板とする。
ひ の き	長野・愛知・岐阜・奈良・和歌山・三重・高知	硬軟適度，加工容易，香気光沢よく，反り少なく，水湿に耐える。針葉樹中の王	高級建築用一般，柱・梁，建具・家具など
ひ　　ば	青森・長野・愛知	ひのきに似てやや劣る。刺激性香気，耐久性きわめて大	土台・床束・大引，塗込造の柱など
つ　　が	京都・和歌山・宮崎・静岡・岐阜・高知	ひのきに次ぐ良材，ち密でやや硬質，節部の加工困難，光沢がある。	柱・造作材・縁甲板など
か ら ま つ	本州中央山岳地帯（浅間・富士・日光など）	樹脂分多く，よく水湿に耐える。辺材が多い。	土台・床材など
も　　み	千葉・静岡・和歌山・中国・四国	軟質，加工容易，乾燥による収縮・反り大	普材として建築一般，建具，こん包（梱包）用箱材など
ひめこまつ	中国地方山地（湿地）	もみに似ているが，ややすぐれている。	窓わく・建具，その他小割材
え ぞ ま つ	北海道，その他	もみに似ており，さらに軟質，収縮・反り大，耐久性小	もみ・ひめこまつに準ずる。
さ　わ　ら	長野・岐阜・奥羽地方	軽量・粗しょう，水理通直で水湿に耐える。すぎに似ているが産出量が少ない。	柾目取りとして，おけ・建具など

表4・3 主要輸入材の特性および用途（針葉樹）

名　称	主 産 地	特　　性	用　　途
べいまつ	オレゴン・テキサス・ロッキー	樹脂分多く，変化ある木目があらわれるものが多い。径4mに及ぶ大材もある。ダグラスファーとも呼ぶ。	構造用一般，板類
べいすぎ	ロッキー・カリフォルニア・アラスカ・ワシントン	すぎに似てややもろい。径3m以上の木材で，均質なものが得やすい。木目に趣きがある。	薄板材に特によい。
べ い ひ	オレゴン	ひのきよりもむしろひばに似ているが，光沢が少ない。刺激性の香気がある。	ひのきに似ているが，やや下級品
べいつが	ワシントン・オレゴン	通直性大	造作材・板材
べいもみ	カリフォルニア・オレゴン・アイダホ	もみに似てさらに粗しょう。えぞまつに似ている。スプルースまたはノーブルとも呼ぶ。	造作材・せき板

(2) 広 葉 樹

　広葉樹の生育地は全樹木生育地の3/4を占めるといわれ，特に南洋材には大材が多い。硬い材質のため仕上材を主とし，建具・家具，船舶・機械用材として広く用いられる。柾目面と板目面との硬度の差はほとんどなく，小口面はこれより少し大である。秋材部は春材部よりも硬度が大である。表4・4および表4・5は，建築用材料として比較的多く用いられている広葉樹の日本産材および輸入材の特性・用途などを示したものである。

4・2・2 内 長 樹

　内長樹は主に長さ方向に成長し，太さ方向にはあまり成長しない樹種である。シュロ，ヤシ，ビンロウジュ，竹などがある。建築用としては，竹は床柱のような特殊用途，仕上材などに使用される。

表4・4 主要日本産材の特性および用途（広葉樹）

名 称	主 産 地	特 性	用 途
な ら	北海道・青森・秋田・岩手・鳥取	光沢があり，木はだの外観粗で髄線が多い。ゆがみやすいから十分に乾燥する必要がある。	家具・建具，うちのり材などのベニヤ単板
けやき	山口・和歌山・静岡・秋田・青森・高知	光沢があり，反り小，外観よく広葉材中の王	同上，彫刻用
ぶ な	奥羽地方・伊豆半島	通直性小，比重大，反り大，雑木に類する。	縁甲板
か し	熊本・鹿児島	髄線美しく，密度大，硬質	敷居の埋がし，せん・ほぞ
かえで	同上	ち密で木目が美しい。	家具・ベニヤ単板
き り	奥羽地方・八丈島	きわめて軽量，吸湿性・反りともに少ない。外観優雅	家具・装飾用
さくら	北海道・静岡	ち密で平滑，割れが少なく，加工しやすい。	家具・装飾用
しおじ	北海道・奥羽地方・長野	ならに似ているが，やや劣る。外観さらに粗，反り小	家具・建具，うちのり材などのベニヤ単板
せ ん	北海道・長野・栃木・奥羽地方	なら・しおじよりややもろい。木目が美しい。	同上
た も	北海道・静岡・愛知	せんに似ている。	同上
かつら	北海道・静岡	軟質で加工容易	家具・装飾・彫刻用
し な	北海道	ち密で平滑	ベニヤ単板

表4・5 主要輸入材の特性および用途（広葉樹）

名 称	主 産 地	特 性	用 途
チ ー ク	タイ・ミャンマー	木理通直，硬軟適度，加工性・耐久性大，外観美しい。	建具・造作材・家具・造船用（高級品）
ラ ワ ン	フィリピン・マラヤ・ボルネオ	チークまたはせんに似ている。ひらたきくい虫に侵されやすい。赤ラワン・白ラワンの別がある。	建具・造作材・家具・造船用（並品）
タンギール	同上	赤ラワンに似ている。	同上
アピトン	フィリピン・ボルネオ	ラワンより硬質。けやき・かしに似ている。	構造用・その他

4・3 木 材 加 工

4・3・1 製　　　材

　樹木は，伐木・枝落し・皮はぎ・乾燥などの工程を経て**木材**となる。その後，木材は所要寸法の板材や角材に切断され**製材**となる。また，丸太を所要寸法の板材や角材に裁断する計画を**木取り**という。木取りの例を図4・5に示す。

　木取り法の巧拙は，**歩止り**（ぶどまり）に大きく影響する。樹種・材質などによって異なるが，建築用材料の歩止りは，一般に針葉樹で原木の60〜75％，広葉樹で40〜65％くらいである。

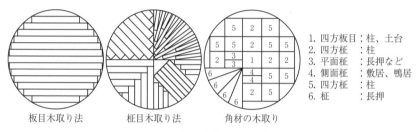

板目木取り法　　　柾目木取り法　　　角材の木取り

1. 四方板目：柱、土台
2. 四方柾　：柱
3. 平面柾　：長押など
4. 側面柾　：敷居、鴨居
5. 四方柾　：柱
6. 柾　　　：長押

図4・5　木材の木取り法

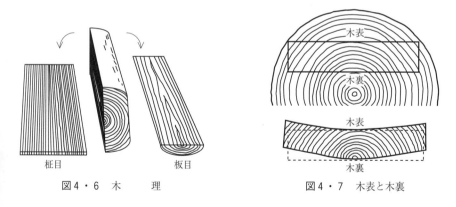

柾目　　　　　　　板目

図4・6　木　　理

木表

木裏

木表

木裏

図4・7　木表と木裏

　木材を縦に切断すると繊維配列の方向によって様々な木目模様が現れるが，これを**木理**という。図4・6のように，樹心を含む面またはこれに近い面で切断すると木目は樹軸に対して平行となる。これを**柾目**（まさめ）という。これに対して，樹心から離れた位置で切断すると木目は樹軸に対して斜め，または放射線状となる。これを**板目**（いため）という。柾目は板目に比べて外観が美しく，乾燥

による収縮・くるいが小さい。また，図4・7のように，板目において樹皮に近い面を**木表**，樹心に近い面を**木裏**という。乾燥による収縮は木表の方が木裏よりも大きい。

このほか，樹心の有無で心持材（樹心を含む角材）・心去材，赤味の程度で赤（全部赤味）・赤勝（赤味材70％以上）・交わりに分類することもある。

柾目のすぎ・ひのきなどの高級柱，みがき丸太，けやきなどの床回り材は材質・形状が稀で鑑賞価値に優れており，**銘木**（めいぼく）と呼ばれる。

4・3・2 乾　　　燥

生まつ丸太を基礎ぐいとして用いるような場合を除き，木材は使用に先立ち，できるだけ乾燥させる必要がある。乾燥の程度は，生木質量の1/3の質量の水分が取り除かれるまでといわれているが，構造用材では含水率15％以下，仕上用材および家具用材では10％以下になるまで乾燥させることが望ましい。

乾燥の目的および効果は，木材の収縮・ひ割れ・不整変形および菌類の発生を防止したり，強さを増大させ，加工を容易にし，さらに質量を軽減することなどである。乾燥方法には次のようなものがある。

(1) 大気乾燥

日光の直射および雨を避けて乾燥することが望ましいが，太い丸太および角材は，最初から天日乾燥にすることもある。できるだけ各面に空気が流通するように工夫することが必要である。ふつう，角材・板材は厚さ3cmにつき，丸太は直径3cmにつき，針葉樹では1～3か月以上，広葉樹ではその2倍程度の乾燥期間が必要である。

(2) 浸水乾燥

生木を最初清水中に約3～4週間浸し，樹液を溶出させた後2～3週間大気乾燥する方法であり，最初から大気乾燥するものに比べて，乾燥期間は短くなる。

(3) 人工乾燥

人工乾燥は，大気乾燥または浸水乾燥に比べて乾燥期間が短い。しかし，急激に乾燥させると，ひ割れや曲がり・反りなどが生じやすいので，乾燥させる場合は，まず水分の最も蒸発しやすい木口に紙を貼るかまたは塗料を塗って，これを保護する。さらに，材質の硬いものほど，また繊維の通直性の少ないものほど低温・高湿の状態から乾燥を始め，乾燥の進行とともにしだいに高温・低湿にする

必要がある。

　人工乾燥法には，熱気法・煮ふつ法・蒸気法・ぐん煙法・電気法・真空法およ
び乾燥剤による方法などがある。熱気法・煮ふつ法および蒸気法では，大気乾燥
で1〜3か月かかるものがわずか3〜10日間で完了する。

4・3・3 材　　　種

　一般に用いられる柱・根太・押縁・板類などは，あらかじめ日本農林規格
（JAS）によって市場品形が定められている。ただし，梁などに用いられる断面
が大形のものは，注文によって製材される。

表4・6　材形による区分

区　分	呼　称	寸法標準(cm)	備　　　　　　考
素　材	丸　太 　小丸太 　中丸太 　大丸太	$d<14$ $14\leqq d<30$ $d>30$	製材の原木，化粧丸太，杭などに用いられる。 　d は最小径，ただし長径と短径との差が20% 以上の場合は，その平均半径。 長さ（6 m）以上のものは中央径。
	そま角 　小そま角 　中そま角 　大そま角	$b<14$ $14\leqq b<30$ $b>30$	おのなどで丸味の四囲をはらい，ほぼ方形にし た形状で，製材の原木に用いられる。厚さ t， 幅 b は最小断面部で，丸味のないものとして測 った辺長。
製　材	板　類 　板 　小幅板 　斜面板 　厚　板	$t<7.5,\ b>4t$ $t<3,\ b>12$ $t<3,\ b<12$ $b>6$でくさび形 $t>3$	すぎ，まつ，ひのきなどの針葉樹製品が多いが， なら，しおじ，ラワンなどの製品もある。 　羽目，天井，野地床などに多く用いる。 　目板，木ずり，羽目，ぬき，縁甲などに用いる。 　t はくさび形両端厚さの平均値，なげし，広 こまいなどに用いる。 　たな，内法，家具などに用いる。
	ひき割類 　正　割 　平　割	$t<7.5,\ b<4t$ 正面形断面 長方形断面	針葉樹の製品が多いが，広葉樹にもある。針葉 樹のひき割類は，押縁，さお縁，間柱，根太， 敷居，かもいなどに用いられるが，広葉樹は洋 風家具・内法などに用いられる。
	ひき角類 　正　角 　平　角	$t<7.5,\ b<4t$ 正面形断面 長方形断面	主として柱，梁，小屋材などの構造材に用いら れる。横断面に樹心をもつものを心持角，ない ものを心去角という（正角で，丸味が60%をこ えるか，または一角の丸味が40%をこえるもの を押角といい，すぎ材に多い）。

注. 寸法標準の d は直径，b は幅，t は厚さである。（農水省告示　第1892号　昭和47.10.14による）

(1) 規格による区分

　規格には，材形・寸法および欠点によって等級が決められているが，その表し方の例を表4・6および表4・7に示す。表4・6に示した材形の素材および製材は，木質構造のうち，主として軸組工法用材として広く用いられてきたものであるが，北米から我が国に導入された枠組壁工法（ツーバイフォー工法）の製材規格は表4・8のとおりである。

表4・7　品質等級（針葉樹板類）

区　　　分	基　　　　　　　　準		
	特　　　等	1　　　等	2　　　等
節（材面におけるかけ，きずおよびあなを含む）	径比が20%以下であること。	径比が40%以下であること。	径比が80%以下であること。
丸身（りょう線上に存在するかけおよびきずを含む）	ないこと。	材縁の欠除している部分の厚さおよび幅が，それぞれ材厚の50%，材幅の10%（小幅板にあっては，20%）以下であること。	材縁の欠除している部分の幅が，材幅の40%（小幅板にあっては，50%）以下であること。
木口割れ（材面における割れを含む）または目まわり	10%以下であること。	20%以下であること。	40%以下であること。
あ　　　　　て	きわめて軽微であること。	軽微であること。	顕著でないこと。
腐れまたは虫あな	きわめて軽微であること。	軽微であること。	顕著でないこと。
その他の欠点	きわめて軽微であること。	軽微であること。	顕著でないこと。

（農水省告示　第143号　平成3.1.31による）

表4・8　枠組壁工法構造用製材の寸法規格　　　（単位　mm）

寸法型式	未乾燥材（含水率が19%をこえるものをいう。以下同じ。）の規定寸法		乾燥材（含水率が19%以下のものをいう。以下同じ。）の規定寸法	
	厚　さ	幅	厚　さ	幅
104	20	90	19	89
106	20	143	19	140
203	40	65	38	64
204	40	90	38	89
206	40	143	38	140
208	40	190	38	184
210	40	241	38	235
212	40	292	38	286
404	90	90	89	89
406	90	143	89	140
408	90	190	89	184

（農水省告示　第600号　昭和49.7.8，第1381号　平成9.9.3による）

(2) 慣例による区分

以上述べた材種の名称以外に，慣例によって表4・9のように呼ばれることもある。

表4・9　慣例による用材の区分および呼び方

区　　　分	種類および呼び方	用　　　　途
丸　太　類	長丸太・切丸太・みがき丸太	製材の原木・杭・化粧用など
角　　材	押角・野角・ひき角	柱・梁・製材の原木など
板子および平　板　類	一寸板・インチ板・板割り・六分板・四分板	たな板・建具・家具・せき板・床板・野地板・天井板・羽目板など
ぬ　き　類	大貫・中貫・小貫・水ずり貫	縁甲板・通しぬき・野地板・壁下地など
た る き 類	山びき二寸五分角 山びき二寸角	垂木・押縁など
小 割 り 類	大小割り・並小割り	天井板・さお縁・押縁・瓦ざんなど
敷 居 木 類	五寸敷居木・四寸敷居木・三寸敷居木	かもい・敷居・窓わく・根太など

4・3・4 欠　　点

　木材の欠点（きず）には，図4・8に示すようなものがあり，木材の性能に大きな影響を及ぼす（表4・7参照）。

　丸みは，ひき角・ひき割り・厚板などのすみ角部の丸みであって，木材断面の欠け（不足）である。

　曲がりおよび**反り**は，角材・割り材・丸太材・板材など，用材として通直性を必要とするものには大きな欠点となる。

　割れは，目回り・心割れ・ひ割れなどがあり，ひ割れには木口割れやはだ割れなどがある。

　節（ふし）は，枝の跡であって，生き節・死に節・抜け節などがある。加工が困難で，外観および強さを減ずるものが多い。

　このほか，やにつぼ・入皮・虫食・穴・腐れ・しみ・とびきずなどがある。これらは節と同じく，外観・強さに影響を与える。また範囲の広いものとして，あて・胴打・ねじれなどがあるが，そのほかに，貯木中の変色などもある。

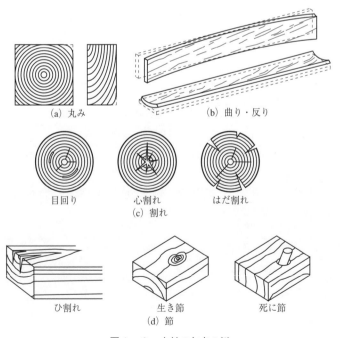

(a) 丸み　　　　　　　　(b) 曲り・反り

目回り　　　　　心割れ　　　　はだ割れ
(c) 割れ

ひ割れ　　　　　生き節　　　　死に節
(d) 節

図4・8　木材の欠点の例

4・4 木材の性質

(1) 含 水 率

木材の含水率は，完全に乾燥した木材質量に対する木材中の水分質量の百分率で示す。生木中には40〜80％（ときには100％以上）の水分が含まれているが，樹種・樹齢・生育地および心材・辺材などで異なる。一方，季節による差はあまりない。

図4・9に木材繊維の含水状態を示す。木材繊維中には，細胞壁中で木材の実質部分と結合している水分と細胞内の空洞部分を自由に移動している水分が存在する。前者を結合水といい，木材の性質に大きな影響を及ぼす。また，後者を自由水といい，木材の性質にはあまり影響を及ぼさない。

(2) 繊維飽和点

生木には結合水と自由水の両方が存在する。生木を乾燥させるとまず自由水が蒸発していくが，自由水が完全に失われ，結合水だけが存在するようになった状態を繊維飽和点といい，その時の含水率は約30％である。さらに乾燥させると，木材中の結合水と大気中の湿度が平衡状態となるが，これを気乾状態といい，含水率は約15％である。また，この状態の木材を気乾材という。気乾材をさらに乾燥し，完全に結合水がなくなったものを絶乾材または全乾材という。

絶乾材を大気中に放置すれば乾燥と反対に気乾状態となり，飽和蒸気中では繊維飽和点に達する。しかし，水中では約100％，ときにはそれ以上の含水状態になることもある。

以上の水分の蒸発および吸収速度は，同じ木材でもその断面部分によって異なり，木口が最も速く，板目がこれに次ぎ，柾目が最も遅い。

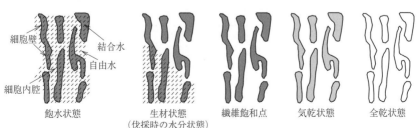

細胞壁 結合水 自由水 細胞内腔

飽水状態　　　　生材状態　　　　繊維飽和点　　　気乾状態　　　全乾状態
　　　　　　　（伐採時の水分状態）

図4・9 木材繊維の含水状態

(3) 含水率の増減による変形

含水率の増減に伴って膨張・収縮が起こることは木材の大きな欠点の一つであり，そのために，ひ割れ・くるいなどを起こし，構造物の各部にゆるみ・くるいまたはすきまを生じることが多い。

図4・10のように，このような膨張・収縮は，含水率が繊維飽和点以上では起こらないが，それ以下になると，ほぼ含

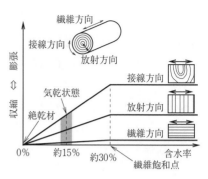

図4・10 木材の含水率と変形

水率に正比例して伸縮する。これは，繊維飽和点以下では結合水の含水状態が変化することによる。

(4) 収 縮 率

収縮率は，年輪の接線方向，半径（放射）方向および繊維方向について測定・算出する。収縮率には，(日)含水率1％に対する平均収縮率，(月)気乾（含水率15％）までの収縮率，(火)生木が絶乾になるまでの全収縮率がある。表4・10には，含水率1％に対する平均収縮率を示した。

収縮率は樹種以外にも，生育の状態，樹齢などによって一様でない。特に同じ木材でも辺材は心材より大きく，また密度の大きいものほど大きい。表4・10の木材について，およその全収縮率の範囲を示すと，年輪の接線方向は約5〜10％，半径方向は約2〜5％であって，繊維方向はきわめて小さく，約0.1〜0.3％程度である。

このように木材は，含水率の変化に伴って膨張・収縮し，しかも乾燥・吸水の速さが部分的に異なるため，図4・11のような収縮・ひ割れ・くるいなどを生ず

表4・10 主要樹種の密度・膨張収縮率

樹 種	気乾密度 (g/cm³)	全乾密度 (g/cm³)	含水率1％に対する平均収縮率（％）		
			接線方向	半径方向	容 積
す ぎ	0.44	0.38	0.29	0.14	0.48
あ か ま つ	0.61	0.56	0.29	0.16	0.45
ひ の き	0.44	0.41	0.26	0.12	0.38
ぶ な	0.67	0.62	0.41	0.17	0.66
な ら	0.63	0.58	0.24	0.18	0.51

る。木材の曲がり・反りやねじれは，特に繊維の通直性の少ない場合に著しく，広葉樹は針葉樹よりも著しい。

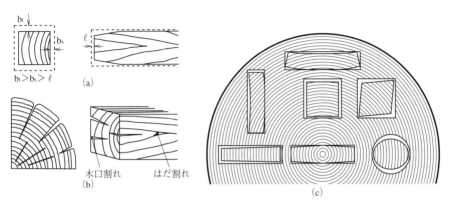

図4・11 乾燥による収縮・ひ割れ・くるい

4・4・2 物 理 的 性 質

(1) 密 度

木材の密度は一般的には気乾材の単位容積質量（g/cm³）で表す。各木材の密度は，表4・11のようであるが，同一樹種でも年輪密度・生育地・樹齢または心材・辺材などによって異なる。

表4・11 木材の密度（気乾材）

密 度 （g/cm³）	樹 種
0.3〜0.4	さわら・ねずこ・すぎ・べいすぎ
0.4〜0.5	とどまつ・えぞまつ・ひのき・ひめこまつ・ひば・ほおのき・かつら
0.5〜0.6	あかまつ・くろまつ・つが・せん・しい・くり・くす・かや・白ラワン
0.6〜0.7	たも・さくら・かば・しおじ・からまつ・赤ラワン・タンギール・チーク
0.7〜0.8	ぶな・けやき・つげ・アピトン
0.8〜0.9	なら・しろがし
0.9〜1.0	かしわ・かき・あかがし・くぬぎ
1.0 以上	したん・こくたん・たがやさん・てつぼく

(2) **強　　さ**

　強さは，樹種および心材と辺材とによって異なるが，一般に同一乾燥状態では，密度が大きいものほど強さは大きい。

　また，図4・12に示すように，繊維飽和点以上の含水率の変化では影響はないが，それ以下になると，含水率が小さいほど急激に強さが増大する。例えば，生木の強さに対し，気乾材の強さは約1.5

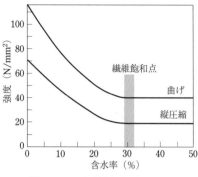

図4・12　含水率と強度の関係

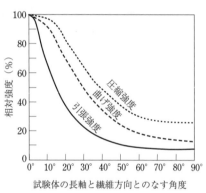

図4・13　木材の強さに及ぼす方向性の影響

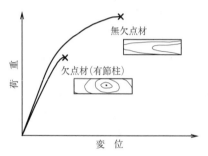

図4・14　無欠点材と欠点材の変形破壊特性

表4・12　木材の強さ（実験例）

樹　　　　　種	気乾密度 (g/cm³)	圧縮強さ (N/mm²)	引張強さ (N/mm²)	曲げ強さ (N/mm²)	せん断強さ (N/mm²)
針葉樹 すぎ	0.33〜0.41	26〜41.5	51.5〜 75	30〜 75	4 〜 8.5
ひのき	0.34〜0.47	30〜40	85 〜150	51〜 85	6 〜11.5
ひば	0.37〜0.52	35〜42.5	55 〜103	37〜 85	5 〜 9
あかまつ	0.43〜0.65	37〜53	84 〜186	36〜118	5 〜12
えぞまつ	0.36〜0.45	28〜45	85 〜160	38〜 80	4.5〜 9.5
べいまつ	0.55	43	105	72	7.3
べいひ	0.51	38	—	77	8.6
広葉樹 みずなら	0.65〜0.88	35.5〜55	70〜146.5	72.5〜129.5	9.5〜12.5
しらかし	0.74〜0.95	66.5〜74.5	54〜 70.5	80 〜169.5	8.8〜19
けやき	0.50〜0.86	48.5〜61	54〜140.5	81.5〜118.5	8.5〜21
かえで	0.60〜0.81	40 〜98.5	42〜141.5	62 〜103	8 〜13
しおじ	0.45〜0.93	32.5〜44.5	65〜 67	45 〜 86	8 〜11.5

倍，絶乾材の強さは3倍以上となる。

　木材の強さは，繊維に対する荷重方向によって異なる。図4・13は木材への荷重方向と強度の関係を示したものである。例えば，繊維に直角に圧縮するのと，繊維方向に圧縮するのとでは後者の方が強い。このように，方向によって木材の力学的性質が異なる特性を**異方性**という。

　欠点の有無によっても強度は異なる。図4・14に示すように，欠点がある木材は無欠点材に比べて小さな荷重（変形）で破壊にいたる。表4・12は，力学的性質の実験例を示したものである。

4・4・3　耐　久　性

(1)　腐　　朽

　木材に腐朽菌が寄生・繁殖し，養分が摂取されて組織が破壊されると，木材が変色したり，質量や強さが減少する。腐朽菌類には，かび状あるいはきのこ状のものなど種類が多い。

　腐朽菌は，①養分，②湿気，③適度な温度，④空気の条件がそろったときに繁殖する。常に乾燥状態であるか，完全に水に浸っていれば腐朽しにくい。

(2)　虫　　害

　木材を食い荒らすのは，主に昆虫類であるが，それらの中で最も大きな害をもたらすのは**シロアリ**である。

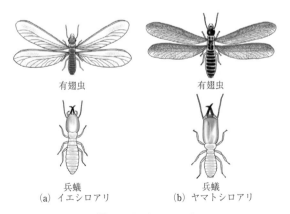

有翅虫　　　　　　　　　有翅虫

兵蟻　　　　　　　　　　兵蟻
(a) イエシロアリ　　　　(b) ヤマトシロアリ

図4・15　シロアリ

　シロアリには数百種類もあるが，我が国に生息する主なものは，図4・15のイエシロアリとヤマトシロアリである。前者は静岡以西の暖地に生息し，食害がきわめてはなはだしく，問題になることが多い。後者は日本全土に生息し，食害は緩慢であり，問題となることは少ない。ともに枯れた針葉樹をよく侵すが，立木あるいは広葉樹も侵す。そのほか，広葉樹を食い荒らす甲虫類として**ヒラタキクイムシ**があげられる。

　⑶　**風　　化**

　長年月にわたって日光・大気・風雨・寒暑にさらされると，木材の油成分が発散して光沢を失い，色調が濃濁してもろくなる。これを**風化**という。

　⑷　**燃　　焼**

　木造建物の火災は自然発火による場合よりも炎の接近による延焼が多い。木材は，大気中では260〜270℃以上になると着火するので，木造建物に対しては260℃を**火災危険温度**としている。

4・5　木材の保護

4・5・1　防　腐・防　虫

　木材を保護・保存するには，まず乾燥することが必要である。乾燥は木材中の水分を除き，樹液中の養分を変質・凝固させて菌類の生育を防ぐ効果がある。したがって，日光を直射して菌類を死滅させ，風通しをよくして水湿分を避けることなどは防腐に有効である。

　防虫法は，虫類の侵入を防ぐために表面を被覆または硬化すればよい。具体的には次のような方法がある。

　表面炭化　木材の表面を焼いて炭化させる方法で，水分を除き，外部からの腐朽・虫害を防ぐことができる。

　表面被覆　金属板・ペイント・ワニス・うるしなどの塗料およびプラスター・粘土・ご紛などで表面を被覆する方法で，直接菌虫類の侵入を防ぎ，空気・湿気を遮断することができる。

　薬剤処理　クレオソート油（JIS K 2439）などの防腐剤を表面に塗布したり，内部に注入する方法で，床組や壁などの水がかりのある部位に有効である。クレオソート油は石炭乾留の副産物であるが，色調が悪く，油性塗料を重ねて塗布できない欠点がある。

4・5・2 防 火

木材を完全に不燃化することはできないが，次のような方法である程度まで燃えにくくすることはできる。

1) 木材表面に不燃性塗料を塗って表面に被膜をつくるか，木材に薬剤を注入して発炎性を少なくし，引火点を高くする。しかし，一般に防火剤は吸湿性があるので，木材とともに用いられている釘などの金属を腐食したり，使用後に白色の粉末を生じたり，また，質量が著しく増加するなどの欠点がある。

2) 木材表面を金属板・プラスター・モルタルなどの不燃性・断熱性の材料で被覆する。例えば，木材表面にモルタルを 3 ～ 5 cm 程度塗布すれば類焼（延焼）に対して安全である。

3) 木材の厚さを厚くすることは，防火性を付与するのに有効な方法である。図 4・16 に示すように，木材表面が燃焼すると炭化層を形成するが，この炭化層には木材内部の燃焼を遅延させる働きがある。

図 4・16　木材の燃焼経過

4・5・3 変 形 防 止

木材の急激な部分的（表面または木口）乾燥によるひ割れを防止するために，化粧丸太または縁甲板などを取付けから使用までの期間，紙または布で覆ったり，垂木・桁・梁鼻を紙・金属板またはご紛（顔料混入）などで覆う。

また，板材の反曲を防ぐために，図 4・17(a)のように，**吸付きざん**あるいは**はしばみ**を取り付ける。柱などは，図 4・17(b)のように心持材のはだ割れ，または

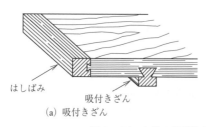

はしばみ
吸付きざん

(a) 吸付きざん　　　　(b) 背割り

図4・17　木材の変形防止

不整変形を防ぐためには**背割り**をする。

4・6　木　質　材　料

　木質材料は，木材を主な原料として，物理的・化学的・機械的加工によって製造された材料と定義され，木材または繊維状木材を構成要素（エレメント）として，接着剤などにより結合集成したものである。工業的に製造されている木質材料としては，集成材・LVL・合板・OSB・パーティクルボードなどの合成材，インシュレーションボード・MDF・ハードボードなどの繊維板，金属・プラスチックなどと木材との複合材

図4・18　LVL（上段）・集成材（中段）・製材（下段）

図4・19　OSB（上段）・合板（中段）・パーティクルボード（下段）

料がある。このような木質材をエンジニアードウッドと呼ぶこともある。

4・6・1 合 成 材

合成材は，小径材や廃材を再構成し，接着成形したものであり，資源の有効利用につながるだけでなく，節や腐れなどの欠点を取り除いた均質な材質で，長さ・面積の大きな材料をつくることができる。合成材を分類すると図4・20のようになる。また，代表的な合成材の製造工程は図4・21のとおりである。

(1) 集 成 材

丸太から厚さ20〜50 mmのひき板または小角材を切断し，繊維方向をそろえて集成接着した合成材である。長尺大断面の材料が得られ，大型木造建築物の柱・梁またはアーチなどに用いられる。

合成材	集成材	LVL	合板	OSB	パーティクルボード
エレメント（構成要素）	ひき板・小角材	単板	単板	削片	チップ
大きさ	大				小
原料選択性	小				大
歩止り	小				大
製造エネルギー	小				大
強度(軸方向)	大				小
異方性	大				小

図4・20 合成材の種類と特徴

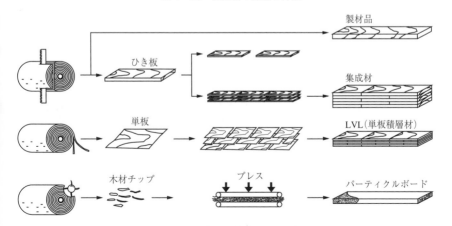

図4・21 代表的な合成材の製造行程

(2)　LVL（Laminated Veneer Lumber）

丸太から厚さ３mm程度の単板を切削し，繊維方向をそろえて積層接着したものである。単板積層材とも呼ばれる。単板の積層枚数は集成材に比べて多く，数層から数十層に及ぶため，品質の安定性は一層高い。柱，梁などの構造材として使用される。

(3)　合板（ごうはん）

LVL と同じ単板を原料に用いるが，繊維方向を互いに直交させて積層接着したものである。木材は繊維方向には強く，繊維と直交する方向には弱いという異方性をもつが，合板はこの異方性を改善したものであり，面材料として使用される。図４·22に LVL と合板の構成を示す。

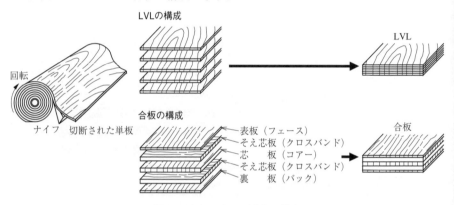

図４·22　LVLおよび合板の構成

(4)　OSB（Oriented Strand Board）

広葉樹の木材などを薄い削片状にしたものを配向させて積層，圧着したものである。北米を中心に使用されてきたが，近年日本でも使用されるようになった。原料のエレメントはパーティクルボードに用いられる木材チップよりも大きく，エレメントの向きは層ごとに異なる方向に組み合せ（配向）される。壁などの構造用パネルとして使用される。

(5)　パーティクルボード

小径木，建築解体材などを切削機で図４·23のような木材チップに加工し，熱圧接着したものである。木材チップの寸法が小さくなるほど、木材本来の性質は失われていく。比較的安価であり，壁などの構造用パネルおよび床などの下地材として使用される。

図4・23　パーティクルボードの原料（木材チップ）

図4・24　パーティクルボード

(6) CLT（Cross Laminated Timber）

ひき板を並べた後，繊維方向が直交するように積層接着した厚みのある大きな板である。直交集成板とも呼ぶ。大型木造建築物の壁や床に用いられる。1995年頃からオーストリアを中心として発展し，

図4・25　CLT

ヨーロッパ各国，カナダ，アメリカなどで様々な建築物に利用されてきた。日本では2013年にJAS 3079が制定され，2016年頃から利用が始まっている。

(7) W　P　C

木材にプラスチックを含浸させ，木材の硬度・耐磨耗性などを高めたものをWPC（Wood Plastic Combination）といい，床仕上材料などに使われる（p.83）。

4・6・2　繊　維　板

繊維板は，わら・木材などの繊維質物および製紙の廃パルプなどを原料として，どろ状にしてかき混ぜて軟化し，これを乾燥させて成形したり，または乾燥繊維に接着剤を添加して加圧成形したものである。

規格では，表4・13のように，密度によって3種類に分類している。

インシュレーションファイバーボード（**軟質繊維板，インシュレーションボード**ともいう）は，水を媒体として繊維マットを抄造し，乾燥させたものであり，畳床のほか，断熱・吸音材料として天井や壁などの内装材に用いられる。**ハードファイバーボード**（**硬質繊維板，ハードボード**ともいう）は，抄造した繊維マッ

表 4・13 繊維板の性能値

種　　　類		密度 (g/cm³)	曲げ強さ (N/mm²)	吸水厚さ 膨張率（%）	厚さ (mm)
軟質繊維板 インシュレー ションボード	タタミボード	0.27 未満	1.0 以上	10 以下	10, 15, 20
	A級インシュレ ーションボード	0.35 未満	2.0 以上		9, 12, 15, 18
	シージングボード	0.40 未満	3.0 以上		
中質繊維板 MDF	30 タ イ プ	0.35 以上 0.80 未満	30.0 以上	厚さ7 mm 以下のもの 17以下	3, 7, 9, 12, 15, 18, 21, 24, 30
	25 タ イ プ		25.0 以上	厚さ7 mm をこえ15 mm以下の もの12以下	
	15 タ イ プ		15.0 以上		
	5 タ イ プ		5.0 以上	厚さ15mm をこえるも の10以下	
硬質繊維板 ハードボード	S 35 タイプ	0.80 以上	35.0 以上	吸水率(%) 25(35) 以下※	2.5, 3.5, 5, 7
	S 25 タイプ		25.0 以上		
	S 20 タイプ		20.0 以上	30(35) 以下※	
	T 45 タイプ	0.90 以上	45.0 以上	20以下	
	T 35 タイプ		35.0 以上		

※ 吸水率の（ ）内の数値は 3.5mm 未満の厚さの板に適用する。
注. このほか，接着剤の種類による区分やホルムアルデヒド放出量による区分がある。

(JIS A 5905 より)

トを熱圧成形したものであり，厚さのわりに強度が大きい。住宅の外壁材料（サ

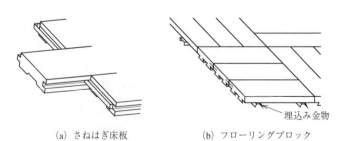

　　（a）さねはぎ床板　　　　　（b）フローリングブロック

図 4・26　木材加工床板

イディング）や壁の下地として用いられる。

　ミディアムデンシティファイバーボード（**中質繊維板**，MDF ともいう）は，乾燥繊維に接着剤を添加し，熱圧成形したものであり，材質が均質で表面が平滑である。下地材，化粧材，家具材料として用いられる。

　また，アスファルトを含浸させた**シージングボード**は壁や床の下地に用いられる。

4・6・3　そ　の　他

（1）　床材・床回り材・天井板類

　床材には，図4・26に示すように，加工品として**さねはぎ床板**，**寄木用化粧板**およびコンクリート床に埋め込む**フローリングブロック**などがあり，なら・ぶな・ラワン・まつなどが用いられる。

　床柱・床がまち・落し掛け・床地板・棚板などの**床回り材**には，みがき・塗り・張付けなどの表面仕上げを施したものが用いられる。

　天井板には，化粧薄板の張付け板または合板などが用いられる。

（2）　樹皮・コルク

　すぎおよびひのきの**樹皮**は，耐久性・耐水性に優れるので，屋根ぶきまたは下見材に用いることがある。**コルク**はコルクガシまたはあべまきの樹皮でつくる。粉粒状にして，接着剤とともに加熱・圧縮して板状とし，内壁面仕上げ，床仕上げ断熱材・防音材などに用いられる。

4・7　竹　　　　材

　竹はアジアが主産地であって，日本でも全国各地に産出し，その種類も多い。一般に，竹はその表皮に美しい光沢をもち，割裂性・弾力性に優れ，建築用材料として土壁用のこまいやそのほか装飾用に用いられる。

　建築用材としての竹は3年生前後がよく，垂木・さおなどのように強さを必要とするものは5年生前後がよい。伐採期は，たけのこの発生期から離れている10月中旬～11月中旬がよい。

図4・27　竹の種類

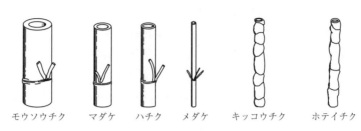

モウソウチク　マダケ　ハチク　メダケ　キッコウチク　ホテイチク

図4・28　竹の種類

表4・14　竹の種類と用途

名　称	主産地	用　途	備　　　考
マダケ (真竹)	関東・近畿	建築・工芸・ 展工用	ニガタケ（苦竹）、カラタケ（唐竹）とも呼ぶ。弾力性があり、曲げや圧力に対する抵抗性に優れる。竹材の中で最も広く使われている。
ハチク (淡竹)	関東・近畿	建築装飾・ 茶道用具	アワダケとも呼ぶ。細く割りやすいことから茶筅などの茶道用具や竹ぼうきに使われる。
モウソウチク (孟宗竹)	鹿児島・京 都・和歌山	床柱・竹筒・ 家具	江南竹、ワセダケとも呼ぶ。材質部は厚く、弾力性に欠ける。床柱、竹屋根、庭園の植込みに使う。
クロチク (黒竹)	京都・兵庫	化粧小壁・ 装飾用	ハチクの一種で繊維が細い。表皮が黒色で美しいので、室内装飾に使われる。
メダケ (雌竹)	関西・四国・ 九州	小舞壁、 うちわ・扇の 骨	オンナダケ、ナヨタケとも呼ぶ。肉薄で節は低い。小舞竹、天井、化粧垂木などに用いられる。

　図4・27，図4・28および表4・14は，主な竹材の形状および特徴・用途などを示したものである。

第5章
石　　　材
Stone

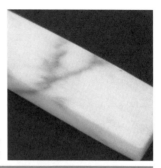

中国雲南省
大理府産の大理石

　建築材料としての石材の歴史はきわめて古い。エジプトでは，すでに B.C.3000 年頃から花こう岩が建築物のスラブや壁張りに使われていた。また，最古の構造物であるピラミッドは石灰岩を加工し積み上げたものである。その後，古代ローマでは，大理石が装飾用として建築に欠かせない材料となり，寺院などの大型建築には石材が多く用いられた。

　石材は不燃性でかつ多くは耐火性・耐久性があり，圧縮強さの大きいこと，模様・色彩・テクスチャーなど意匠性に富むことなどが利点である。欠点としては，比重が大きく，長大材を得るのが難しく，加工が困難なことなどがある。

　石材は，岩石を所要の材形に加工したもので，建築物の内外装材料・床材および基礎・石垣・舗装などに用いられる。また砂利・砂・砕石は，コンクリート用の骨材に用いられる。

5・1　組　成・組　織
5・1・1　鉱　物　組　織
　岩石は数種の鉱物からなり，成因・組織および色調などによって，きわめて多くの種類がある。岩石を構成する鉱物の主なものは，**石英**，**長石**，**雲母**，輝石，角閃石，かんらん石，磁鉄鉱などである。石英・長石など無色透明の鉱物を**無色鉱物**，様々な色を示す鉱物を**有色鉱物**という。
5・1・2　組　　　　　織
　岩石中にある割れ目を**節理**といい，硬質岩石の採石には，この節理が利用される。また，節理以外にも，鉱物の配列によってさらに小さく割れやすい**石目**と呼ばれる面があり，石材の加工にはこの面が利用される。

5・2　種　　　　類

　建築用石材は，図5・1に示すように大きく自然石と人造石に分かれ，自然石は岩石の成因によって**火成岩・水成岩・変成岩**の3種類に区分される。

　火成岩は，地球内部の溶融した岩しょう（マグマ）が凝固したものである。凝固の位置によって組織が異なる。深い地中で徐々に冷却され硬く凝固したものを**深成岩**，地表または地表近くで凝固したものを**火山岩**，その両者の中間で凝固したものを**半深成岩**という。

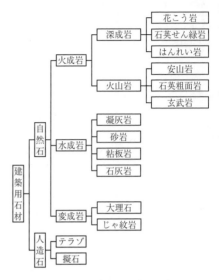

図5・1　建築用石材の分類

　水成岩は，**たい積岩**ともいい，水・風・氷河などの作用によって破砕された砂や粘土，火山灰，生物の遺骸が，たい積・固化したものである。

　変成岩は，火成岩・たい積岩が，地かくの変動による熱・圧力および化学的作用によって変質し，その組織または鉱物成分が変化を起こしたものである。

　規格（JIS A 5003）では圧縮強さにより表5・1のように石材を硬石，準硬石，軟石の3種類に分類している。

表5・1　圧縮強さによる石材の区分

種　　類	圧　縮　強　さ（N/cm²）	参　　考　　値	
		吸　水　率（%）	見掛比重（g/cm³）
硬　　　　石	4903 以上	5 未満	約2.5〜2.7
準　硬　石	981 以上4903 未満	5 以上15 未満	約 2 〜2.5
軟　　　　石	981 未満	15 以上	約 2 未満

（JIS A 5003 による）

5・3 各 種 石 材

　建築に用いられる各種石材は，その用途から構造用・装飾用に大別されるが，多くは仕上材として用いられる。

　これらの石材を使用するにあたっては，加工性・質量・強さや装飾的価値を十分に活かし，用途に適合したものを選択する必要がある。各種石材の特性・用途を示すと，表5・2のようである。

図5・2　大谷石による外壁

表5・2　各種石材の特性と用途

区分	岩石名	石材名	特性	用途
火成岩	花こう岩 (granite)	稲田石・みかげ石・北木石・万成石・庵治石・蛭川石	圧縮強さ・耐久性大，耐火性小，質かたく，大材が得やすい。	構造材 装飾用
	安山岩 (andesite)	鉄平石・小松石・白河石・那須石	耐久・耐火性大，色調不鮮明	間知石・割り石・内外装材
	石英せん緑岩	折壁みかげ（黒みかげ）	大材は得にくい。	装飾用
水成岩	凝灰岩 (tuff)	大谷石・竜山石・若草石・青葉石	軟質軽量，加工性・耐火性・吸水性大，風化しやすい。	石垣・倉庫建築・室内装飾・外装材
	砂岩 (sandstone)	日の出石・多胡石・謙早石・インド砂岩	耐火性・吸水性・摩耗性大	基礎・石垣・内外装材
	粘板岩 (clay stone)	雄勝スレート・玄昌石	へき解性，吸水性小，質ち密，色調黒	屋根材・内装材
	石灰岩 (limestone)		不純物の量により純白から灰色まである。生物の集積で生成。	コンクリート骨材・セメント原料・石灰原料・内装材
変成岩	大理石 (marble)	寒水石・あられ大理石・オニックス・トラバーチン・さらさ	質ち密，光沢あり，酸・雨水に弱い。石灰岩が変成。	室内装飾用
	じゃ紋岩	じゃ紋・鳩糞石・凍石	大材は得にくい。	化粧用

図5・3　天然スレートの原石

図5・4　薄板に加工した天然スレート

　なお，スレートには天然スレートと人工スレートがある。前者は図5・3のように粘板岩の一種であり，図5・4のように薄板に加工して屋根材などとして使われる。後者は繊維を加えて成型したセメント製品である（p.53参照）。

5・4 性　　　質

5・4・1 物 理 的 性 質

　石材の比重（見かけの密度）は，気乾状態におけるものを標準とする。圧縮強さは比重が大きいものほど大きく，軟石類のように空げきや吸水率の多いものほど小さい。

　引張強さは圧縮強さの1/20〜1/40できわめて小さい。表5・3は，主な岩石について，その性質の例を示したものである。

表5・3　石材の性質の例

岩　石　名	気乾比重	吸水率 (%)	圧縮強さ (N/mm²)	か た さ
花 こ う 岩	2.64	0.58	129	18.6
安 山 岩	2.58	2.12	85	17.7
石 灰 岩	2.72	0.56	137	15.8
凝 灰 岩	2.43	8.20	55	17.3
粘 板 岩	2.81	0.20	—	11.0

5・4・2 耐　火　性

　石材を熱して，いろいろな温度でその圧縮強さを試験した例を示すと図5・5のようになる。この図でわかるように，安山岩・凝灰岩および砂岩は，1000℃以下では加熱による圧縮強さの低下は小さく，安山岩，砂岩では強くなる傾向さ

えある。しかし，**花こう岩**は600℃前後
において急に圧縮強さが低下する。これ
は花こう岩の共通な性質であり，特に組
織の粗なものほど，加熱による強度低下
の傾向が著しい。

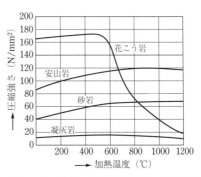

図5・5 加熱による圧縮強さの変化の例

5・4・3 耐 久 性

石材が風雨にさらされると，雨水中の
酸素・炭酸ガスなどによって石材表面が
侵食される。凝灰岩のような軟石は，水分が石材中で凍結して表面が崩壊しやす
い。また，鉄分を含む石材では，これが酸化して，しだいに風化する。

一般的な傾向として，花こう岩・安山岩などは安定しており，軟らかい砂岩・
凝灰岩類は不安定で風化しやすい。特に**大理石**は，その主成分である炭酸カルシ
ウムが酸に弱いので，外壁や床に使用すると変色したり耐久性に劣る場合があ
る。

5・5 採 石・材 形

5・5・1 採 石

石材の採取場は石丁場（いしちょうば）あるいは石切場と呼ばれる。石材の採
取方法は，石質の硬軟または節理・石目の状態によって異なる。硬石類は，節
理・石目に従って穴をあけて爆破した後，所要の材形とするが，軟石類は，つる
はし・鋼製くさび（矢），ドリル，チェーンソーなどを用いて所要の材形とする。

5・5・2 材 形

材形には種々のものがあるが，角石・板石・間知石および割り石に区別される

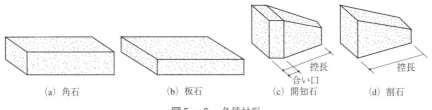

図5・6 各種材形

（図5・6）。規格（JIS A 5003）では表5・4のように定めている。

　石材表面の仕上方法には以下がある（口絵参照）。**みがき**は，研磨機，サンダーや砥石でみがき光沢を出す仕上げであり，粗みがき，水みがき，本みがきなどがある。**割肌仕上げ**は，のみなどで石材を割ったままのキメの粗い仕上げである。**たたき**は伝統的な方法で，四角錘の凹凸があるびしゃんでたたくびしゃん，細かい平行線を両刃で刻む小たたきなどがある。**バーナー仕上げ**は，花こう岩などをジェットバーナーで加熱しその後冷却し，表面の結晶を落とし細かな凹凸をつける。**サンドブラスト仕上げ**では，砂や鉄砂を高圧で吹き付け細かな凹凸をつける。

表5・4　石材の材形呼称

分類	角　　石		板　　石		間　知　石		割　り　石	
分類	厚さ×幅　長さ 12×15 ⎫ 15×18 ⎪ 15×21 ⎬ 91 15×24 ⎪ 100 15×30 ⎪ 160 18×30 ⎭		厚さ×幅　長さ 30×30 ⎫ 40×40 ⎬ 8−12 40 45 50 ⎬×90 10−15 55 60 65		控長　表面積 35以上　620以上 45 〃　900 〃 50 〃　1220 〃 60 〃　1600 〃		控長　表面積 30以上　620以上 35 〃　900 〃 40 〃　1220 〃	
用途	くつ石・基礎など		敷石など		石がきなど		石がきなど	

注.　寸法の単位は，厚さ・幅・長さはcm，表面積はcm²　　　　（JIS A 5003による）

5・6　石材の取付け方法

　石材を壁や床の仕上げ材として用いる場合には，図5・7のような湿式工法と乾式工法がある。

　湿式工法は，モルタルを用いて固定する方法であり，外壁の場合はだぼピンの固定，金物の固定などにモルタル（とろ）を用いる。湿式工法はモルタルを用いるために，硬化の時間がかかる，エフロレッセンスの発生などの欠点がある。**乾式工法**では，ボルトナット，アングル，アンカーボルトなどの金物により石材を固定する。金物にはステンレスなどの錆（さび）にくいものが使われる。

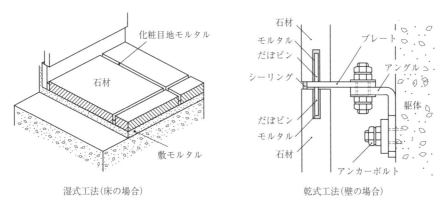

湿式工法(床の場合)　　　　　　　　乾式工法(壁の場合)

図5・7　石材の取付け方法の例

図5・8　石材を床の仕上げ材として用いている例（湿式工法)

第6章
ガ　ラ　ス
Glass

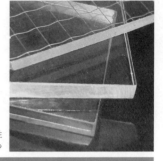

透明性・反射性
の性質を合わせ持つ

　ガラスは，B.C.2000年頃エジプトでつくられ，また，中国でもB.C.1000年以前につくられたといわれているが，工業的には12世紀の終わり頃ベニスを中心としてつくられたものが最初である。19世紀の中頃，ガスがまを改良した原料融解がまがつくられ，ガラス製造がさかんになり，1851年開催の第1回ロンドン万国博覧会において，水晶宮（クリスタルパレス）が大型ガラス建築として注目された。

　ガラスは，熱，空気などの環境を遮断しつつ，光，視線を自由にコントロールできるのが最大の特徴であり，鉄・コンクリートとともに近代建築の重要な建築素材である。板ガラスのほか，ガラスブロック・グラスウールなどとしても広く用いられている。

6・1　製　法・種　類
6・1・1　製　　　　法
(1)　成　　分

　ガラス（硝子）の主成分には，けい酸・ホウ酸・リン酸などの**酸性成分**と，ソーダ灰（または酸化ナトリウム）・カリ・石灰・酸化マグネシウム・酸化鉛・酸化亜鉛・酸化マンガン・酸化アルミニウムなどの**塩基性成分**がある。ガラスは酸性成分・塩基性成分の原料を1種または2種以上調合し，1400～1500℃の高温で溶融し，固化したものである。

　一般の窓ガラスでは，**けい酸・ソーダ灰（または酸化ナトリウム）・石灰**が主な成分である。酸性成分と塩基性成分がそれぞれ1種からなるもの（例えば水ガラス）を単ガラスといい，2種以上からなるものを結合ガラスという。窓ガラス・器物用ガラスなどはすべて結合ガラスである。

上記の成分を含む原料のほかに，融点を下げるための融剤（くずガラスなど），または酸化剤・還元剤・清澄剤・着色剤・乳濁剤などが適宜用いられる。

(2) **製　　法**

ガラスは，図6・1のような順序で製造される。調合した原料を高温（1400〜1500℃）で溶融したものを種ガラスといい，種ガラスを徐々に冷却し，800〜1250℃に下げて粘りをもたせて成形する。板ガラスの成形法は，古くは機械引上げ法が用いられていたが，現在では，そのほとんどに**フロート法**および**ロールアウト法**が用いられている。

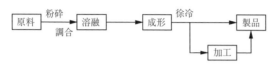

図6・1　ガラスの製造工程

フロート法は，溶融金属の表面の平滑性を利用し，その上に溶融したガラスを流して，研磨作業なしに平滑なガラスをつくる方法である（図6・2）。

ロールアウト法は，2本のローラーの間に溶融ガラスを通し，型板ガラスをつくる方法であり，1本のローラーに型模様を彫ることにより，様々な模様の板ガラスをつくることができる。

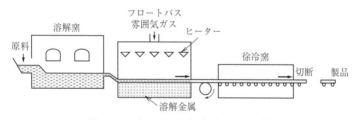

図6・2　板ガラスの製法（フロート法）

6・1・2　種　　　類

ガラスは，化学成分によって，表6・1のように分類できる。成分としてナトリウム分を含むものを**ソーダ石灰ガラス**，カリ分を含むものを**カリ石灰ガラス**といい，さらに，ガラス中に鉛を含んでいるものを**カリ鉛ガラス**，鉛を含まないものを**ホウケイ酸ガラス**という。

表6・1 ガラスの分類

主 成 分	種 類	性 質	用 途
ケイ酸	高ケイ酸ガラス	石英ガラスともいい，耐熱性大，熱膨張率小，融点高い。	理化学用器具
ケイ酸とアルカリの1種およびその他の塩基性成分	ソーダ石灰ガラス	最も広く使われている。	窓ガラス・びんおよび一般器具など
	カリ石灰ガラス	ボヘミヤガラスとも呼ばれる。薬剤に侵されることがない。	ステンドグラス・プリズム・理化学用器具など
	カリ鉛ガラス（フリントガラス）	クリスタルガラスともいい，熱および酸に弱いが光の屈折率大。	光学レンズ・高級食器・人造宝石など
ケイ酸とほう酸およびアルカリ	ホウケイ酸ガラス	耐熱性大，熱膨張率小。	温度計・耐熱食器・理化学用器具など
ケイ酸と1種のアルカリ	水ガラス	ケイ酸ソーダは代表的なものである。	防水剤・防火剤および接着剤

6・2 性 質

6・2・1 物 理 的 性 質

密度は成分によって異なるが，一般的なソーダ石灰ガラスでは約2.5g/cm³，カリ鉛ガラス（フリントガラス）では約6.3g/cm³である。強さおよび弾性は成分によって異なる。また，同一成分でも厚さ・焼入処理・温度などによって異なる。板ガラスの一般的物性を表6・2に示す。

6・2・2 光 学 的 性 質

ガラスが建築材料として用いられる場

表6・2 板ガラスの一般的な物性

項　　　目	数　　　値
屈折率	約1.5
反射率（垂直入射）	片面で約4 %
比 熱(0〜50℃)	約840 J/kg・K
軟化温度	720〜730℃
熱伝導率	約1 W/m・K
線膨張率（常温〜350℃）	8.5〜9×10⁻⁶/℃
密 度	約2.5 g/cm³
モース硬度	約6度
ヤング係数	約70000 N/mm²
ポアソン比	約0.23

合，強さ・硬さなどの力学的性質とともに屈折・反射・吸収・拡散および透過などの光学的性質も重要となる。これらの性質は，ガラスの成分・厚さ，表面の平滑さおよび清浄さなどによって異なり，光の波長によっても異なる。

(1) 屈折と反射

普通の窓ガラスの屈折率は1.5〜2（無単位）であるが，鉛分が多いものほど大きく，光の波長が長くて光の入射角が大きいほど大きい。また，反射は入射角が50〜60°になると急に増し，90°近くでは全反射する。

(2) 吸　　収

清浄な窓ガラスの吸収率は2〜6％で，厚さが厚いほど，また不純物が多くて着色の濃いものほど大きい。

(3) 透　　過

各種板ガラスの透過率を表6・3に示す。透過率は，ガラスの透明度の有無や表面の状態によっても異なり，入射角0（ガラス面に対して垂直入射）のとき，透明で清浄な窓ガラスおよび型板ガラスでは約90％，**すりガラス**では約80〜85％である。すりガラスは，表面の凹凸が細かいほどよく透過する。普通の窓ガラスでも，ほこりが付着したり，汚染されると，透過量は著しく減少し，特に波長の短い光ほど透過しにくくなる。普通の板ガラスは紫外線を透過しない。このため，紫外線を透過させるには**紫外線透過ガラス**のように特殊なガラスが必要である。

表6・3　各種板ガラスの透過率

品　　　　質	厚さ (mm)	可視光線透過率 (%)	日射透過率 (%)
フロート板ガラス	3.0	90	85
	6.0	88	78
	12.0	84	69
熱線吸収板ガラス（ブロンズ）	6.0	62	62
	12.0	42	42
熱線反射板ガラス	6.0	60	59
	12.0	58	53

(4) 拡　　散

光源から発する光を，やわらかい光にし，また像をはっきりさせないためには，ガラスの表面を粗にしたり，着色することにより拡散させる。この目的でつくられたものに**すりガラス・乳白ガラス**などがある。

6・2・3　熱に対する性質

ガラスは熱伝導率が小さく，熱膨張係数・比熱が大きいので，部分的に急に熱

せられると破壊しやすい。また，ガラスの軟化点は約720～730℃である。

6・3 ガラス製品

6・3・1 板 ガ ラ ス

(1) フロート板ガラス

最も一般的なガラス。フロート法により成形し，平面精度が高い。また，ゆがみがなく，透明性・採光性に優れる。厚さは2～19mmと幅広く，大面積の使用も可能である。

(2) 型板ガラス

ロールアウト法により片面に各種型模様をつけたもので，その型によって，図6・3(a)～(c)のような種類がある。装飾的な目的，透視を避けたい窓・戸またはついたてなどに用いられる。

(3) 表面加工ガラス

表面加工ガラスには，次のようなものがある。

磨き板ガラスは，板ガラスを鉄製の台に載せて，ケイ砂・ガーネット砂などで研磨した後べんがらなどで磨く，磨き方式によって製造した透明な板ガラスである。

すり板ガラスは，板ガラスに金剛砂またはケイ砂を圧縮空気で吹き付け，面に微細な凹凸をつけて曇らせたものと，フッ化水素その他の薬液を混合したもので面を腐食させ，つや消ししたものとがある。また，後者の方法を応用し，ガラス面に装飾加工を施したエッチングなどがある。

(4) 網入り板ガラスおよび線入り板ガラス

網入り板ガラスはガラス板の中に金網を入れたもので，防火用を主目的としているほか，破損時の飛散防止効果もある。建築基準法で規定される延焼の恐れのある開口部，屋根・スカイライト・天窓，戸などに用いられる。製造には，製板と同時に種ガラス中に金網を入れることのできるロールアウト法を用いる。金網は0.4mm以上の普通網線または特殊網線で，亀甲・格子形状に組んだ図6・3(b)，(c)のようなものがある。天窓には一度加熱して軟らかくして波形にした，光波形ガラスなどが用いられる。**線入り板ガラス**は金属製の線が，製品の1辺と平行にガラス内部に挿入されている板ガラス。防火性は有しない。

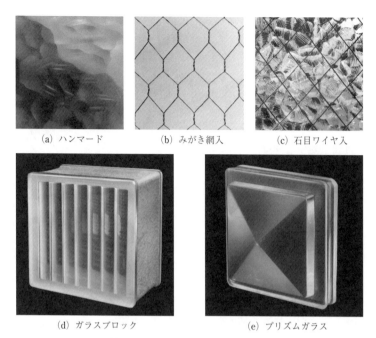

(a) ハンマード　　　　(b) みがき網入　　　　(c) 石目ワイヤ入

(d) ガラスブロック　　　　　　(e) プリズムガラス

図6・3　板ガラス・ガラス成形品

6・3・2　特殊ガラス

(1) 安全ガラス

　安全ガラスには，強くて破壊しにくい強化ガラスと，万一破壊しても安全な合わせガラスとがある。

　強化ガラスは，ガラスを650〜700℃に加熱し，特殊な装置で均等に急冷したもので，熱処理によりガラス表面に強い圧縮応力層をつくり，破壊強さを増加させたものである。成形後これを切断または加工することはできない。焼処理によって，衝撃強さは普通のガラスの約3〜5倍となり，破壊の際は焼入れによるひずみ蓄積のため砂粒状になり，安全に壊れる。この性質を利用して，フレームレス（枠なし）戸や自動車の側方窓に用いられる。

　合せガラスは，2枚の板ガラスの間に透明なプラスチックフィルムをはさみ，これを張り合わせたもので，破損しても中間膜の存在によって破片が飛散せず，くもの巣状にひび割れ，衝撃物も貫通しにくい。一般のガラス，ショーウインドウ，自動車のフロントガラスなどに用いられる。板ガラスを合わせる場合，特殊

な方法で1枚に圧縮ひずみを，また他の1枚に引張ひずみを与えたものは，強くてたわみ量の著しく大きい**弾性ガラス**になる。

(2) 複層ガラス

図6・4のように，2枚または3枚の板ガラスを一定の間隔にして周囲に枠をはめ，その中に乾燥空気層を設けて密閉したものである。ガラスに比べて空気の熱伝導率が小さい性質（熱伝導率は，ガラスでは約1 W/m·K，空気では約0.03W/m·K）を利用して熱を遮断したり，音を遮断する目的で用いられる。ガラス面に結露を生じにくいなどの特徴もある。

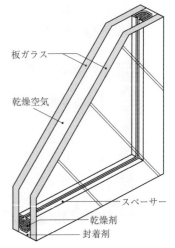

図6・4 複層ガラスの構造

(3) 色板ガラス

ガラスの成分に着色剤を加えて色をつけたもので，各種の色彩のものがある。透明と不透明とがあり，また，無地や種々の乱れ模様状などもある。I形鉛組子を模様状に継ぎ合わせて，これに色板ガラスをはめこんだものを**ステンドグラス**という。

(4) 紫外線透過・吸収ガラス

板ガラスはほとんど紫外線を透過しないが，板ガラスの成分中，鉄分をできるだけ少なくして表面を平滑にしたものは相当量の紫外線を透過し，**紫外線透過ガラス**と呼ばれる。紫外線は殺菌効果やビタミンDをつくる効果があるため，病院・温室などに用いられる。

この逆に，**紫外線吸収ガラス**は鉄分を10％前後含ませたものである。染色品の色あせを防ぐ必要のあるショーウインドウや，溶接工の保護めがねなどに用いられる。

(5) 熱線吸収板ガラス

断熱ガラスともいい，鉄・ニッケル・クロムなどを加えたガラスで，淡青色を呈するものが多い。太陽光線中の熱線を吸収するので室内の温度上昇を抑える効果があり，西日を受ける窓や車両の窓などに用いられる。

(6) 熱線反射ガラス

ガラスの片面または両面に金属酸化膜をコーティングしたガラスで，その薄膜

表6・4　各種板ガラスの特徴

品　　　　種	透視性	拡散性	防げん(眩)性	熱線遮断性	断熱・防露性	防火性	割れにくい	耐貫通性	割れても安全	防盗性	現場切断可
フロート板ガラス（JIS R 3202）	◎										○
＜網入＞	○					○			○	○	○
型板ガラス（JIS R 3203）		○									○
＜片面みがき＞		○									○
＜網入＞		○				○			○	○	○
熱線吸収版ガラス（JIS R 3208）	○		○	○							○
＜網入＞	○		○	○		○			○	○	○
（型板）＜網入＞		○	○	○		○			○	○	○
熱線反射ガラス（JIS R 3221）	○			○							○
合わせガラス	◎							◎	◎	○	
＜熱線吸収＞	○		○	○				◎	◎	○	
＜網入＞	○					○		◎	◎	○	
複層ガラス（JIS R 3209）	◎				○						
＜熱線吸収＞	○		○	◎	○						
＜網入＞	○					○					
強化ガラス（JIS R 3206）	◎						◎		○		
＜熱線吸収＞	○		○	○			◎		○		
倍強度ガラス（JIS R 3222）	◎						○				
＜熱線吸収＞	○		○	○			○				
Low-Eガラス（Low Emissivity Glass—低枚射ガラス）	◎			○	◎						

○特性のあるもの　◎特性の優れたもの　　　　　　　　（日本建築学会「建築材料用教材」より）

で太陽光線を反射して冷房負荷を軽減するのに役立つ。可視光の反射率も30〜40％でミラー効果があり，ミラーガラスとも呼ばれる。

(7) 倍強度ガラス

熱処理により表面に圧縮層をつくり，フロート板ガラスの約2倍に耐風強度を高めたものである。

(8) Low-Eガラス

ガラス表面にチタン，ステンレス，ニッケル，銀などの特殊金属膜をコーティングしたガラスで，太陽光線の中で可視光線だけを通し，紫外線と赤外線を反射

させる特徴がある。熱線反射ガラスでは太陽光線全体を反射させるので室内が暗くなるが，Low-Eガラスでは可視光線を通すので日中は室内が明るい。なお，Low-EとはLow Emissivity（低放射）の略である。近年ではLow-Eガラスを複層ガラスに使用することで室内の冷暖房効率をより高めたエコガラスも普及してきている。

(9) 耐火ガラス

板ガラスとケイ酸ソーダ系樹脂を交互に積層したもので，火災時にはケイ酸ソーダが発泡して遮熱性能を発揮し，反対側の温度上昇を防ぐ。耐火1時間の間仕切壁として使用できる。これまで防火用として用いられてきた網入板ガラス・線入板ガラスと比較して，網や線がないことから閉鎖的なイメージを払拭し，開放的な空間を実現できる。

(10) 耐熱強化ガラス

ソーダ石灰ガラスを材料板ガラスとして切断後にエッジを特殊研磨し，熱処理してガラス表面に強い圧縮応力層をつくり，エッジの破壊強度を増加させて耐熱割性を高め，防火用に使用できるようにしたガラスである。

主な以上の各種板ガラスの特徴をまとめると，表6・4のようになる。

6・3・3 ガラス成形品

(1) ガラスブロック・プリズムガラス

ガラスブロックは，図6・3(j)のように，2個の厚いガラスを融着してつくられたものである。中空で底面内側には種々の凹凸がある。音・熱の遮断効果が大きく，かつ装飾用になる。透明ブロックは，一般に多く使われている無色のものである。着色ブロックは，着色素地を各色ごとに溶解して作るもので各種の色となる。着色焼付けブロックは，透明ブロックの側面に低融点ガラスを主体としたセラミックを焼付け加工したものである。

プリズムガラスは，入射光線の方向を変え，または集中させる目的でプリズムの理論を応用してつくられた図6・3(k)のような異形ガラス製品で，主に地下室の採光用として用いられる。

(2) グラスウール

溶融したガラスを圧縮空気で吹き飛ばして繊維状にしたものである。繊維の短いものは化学工場における酸のろ過用，換気装置のフィルターなどに用いられる。

また，石綿の代用として羽毛状のまま，あるいは板状にして音・熱の遮断材またはプラスチック板の補強混和材にも用いられる。そのほか，糸・マット・布などに加工して電気絶縁材料・カーテンなどにも用いられる。

図6・5　グラスウール

　グラスウールに類似のものに岩綿（ロックウール）があるが，製法・用途などはグラスウールとほぼ同じである。

(3)　そ　の　他

　この他に，ガラスを粉末にして発泡剤を入れてつくった**泡ガラス**がある。これは多孔質で軽量，不燃性かつ加工が容易であり，音・熱の遮断材として用いられている。

　その他のガラス製品には，装飾を兼ねた建具用の取手・押板など，鋳造ガラスや厚板ガラスを加工したものなどがある。照明器具用のガラスは大部分が**乳白色ガラス**（オパールセント）を用いている。また，厚さ0.05mmの**超薄板ガラス**，光の具合を調節できる**調光ガラス**などがある。

6・3・4　ガラスの取付け工法

　一般の窓ガラスとしては，図6・6のように**シーリング材**，**バックアップ材**などを用いて取り付けられ，所定のクリアランスを確保するようにしている。**グレイジングチャンネル工法**は，ガラス四方にプラスチック性のグレイジングチャンネルを巻きつけ，サッシ等に取り付ける工法である。カーテンウォールには，**ガスケット**などを使用して取り付ける。**板ガラス吊り工法**は，大板ガラスを金物などで吊り，自重のたわみをとった工法である。**SSG**（ストラクチュラル・シーラント・グレイジング）**工法**は，シーリング材を用いて板ガラスを金属支持部材に接着固定する方法で，サッシを使わない。**DPG**（ドット・ポイント・グレージング）**工法**はテンション構造体により支えられた4点支持強化ガラスカーテンウォール工法である。

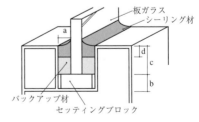

a：面クリアランス　　b：エッジクリアランス
c：かかり代　　　　d：充填深さ
　　ただし　a、d≧6

図6・6　ガラスまわりの諸寸法

第7章
セラミックス
Ceramics

瓦，セラミックタイル，れんがなど

　セラミックスは，非金属無機材料を高温焼成してつくったものである。本章では，主に粘土を主原料とした建築用セラミックス製品について述べる。

　建築材料としての焼きものはすでにB.C.5000年頃，れんがとして用いられた。今日のタイルに近い形のものはエジプトでB.C.3000年頃つくられており，その技術はメソポタミアを通り中国に伝わったといわれている。我が国の建築材料としての焼きものには，600年の頃，高句麗から伝わった瓦がある。

7・1　製　法・種　類

7・1・1　粘　　　土

　セラミックス製品の原料となる**粘土**は，岩石の風化または分解によって生じた粒径 $2\,\mu\mathrm{m}$ 以下の細粒または粉状の土質物である。粘土の化学成分は，セラミックス製品の耐火性・ひずみ・色彩などの性質に影響する。主な化学成分は，けい酸とアルミナである。アルミナが多いものは，粘性および塑性が大きく，成形しやすいが，乾燥に伴う収縮が大きい。この他にも酸化物を含んでおり，これらが多くなるほど軟化温度が低く，焼ひずみが多くなり，高級品は得られにくくなる。特に，Fe_2O_3は焼き上がりの色調に関係し，また，CaOは焼成後にけい酸塩となるもの以外は水によって膨張を引き起こす。

　粘土は，岩石が風化または分解し，その場所に残留する**残留性粘土**と，水または風などの力で移動し，他の場所に堆積する**成層粘土**とに分類される。成層粘土は有機物・不純物・砂粒分などを含むことが多い。残留性粘土は主として陶器またはせっ器類の原料に，成層粘土は瓦・土管のような土器または土壁類の原料に用いられる。

7・1・2 製　　　法

セラミックス製品は，一般に図7・1のような順序で製造される。

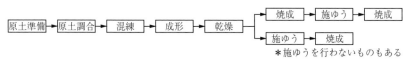

図7・1　セラミックス製品の製造工程

　原土準備では，土器類は風化粘土のまま用いられるが，ふつうは粉砕機または
すいひ（水中で分粒）で精製して微粉砕する。**調合**では，種々の原土を混合した
り，粘性の多すぎるものに微砂やシャモット（焼いた粘土粉末）などを混入する。
また，れんがなどには，赤色にするために酸化鉄分を加える。
　混練，成形，乾燥の後，焼成する。粘土を焼成すると，その一部または大部分
が溶け，多くは密度および色調が変化し，焼成後は冷却とともに互いに密着して
著しく強さを増す。焼成温度は，粘土の成分および製品の種類によって異なる
が，800〜1400℃の範囲である。

7・1・3 種　　　類

　セラミックス製品は，**素地**（きじ）の原料，吸水率，焼成温度などによって，
表7・1のように分類される。
　陶器など吸水性の大きいものでは，吸水を防ぐため表面に**釉薬**（うわぐすり）
を施し，ガラス質の薄膜を形成させることが多い。これを**施釉**（せゆう）という。
製造工程では，素地にうわぐすりを直接かけて一回で焼成させるものと，素地を
焼き締めてからうわぐすりをかけ低温で焼き付けるものがある。

表7・1 セラミックス製品の分類

種　類	素地の原料	焼成温度	素地の吸水	素地の特性	施　釉	製品例
土　器	アルミナが少なく，酸化鉄の多い低級粘土で，石灰質・長石質・ケイ石質がある。	800℃前後	吸水性大	有色（灰色，かっ色），不透明，多孔質，強度や硬さが低い。	ほとんど施釉しない。	粘土瓦（黒）れんが（普通）土管
陶　器	木節粘土やがいろめ粘土などの可塑性粘土に石英・陶石・ろう石，少量の長石原料を配合。	1000℃前後	吸水性大（タイルでは吸水率22％以下）	有色，不透明，多孔質，たたくと濁音がする。	多くが施釉する（フリット釉）。	釉薬瓦外装タイル内装タイル衛生陶器
せっ器	有機物を含まない良質粘土。	1200℃前後	吸水性小（タイルでは吸水率5％以下）	有色，不透明，多孔質，たたくと清音がする。	無釉施釉 ⎡食塩釉 マンガン釉 ブリストル釉⎤	粘土瓦（耐寒）テラコッタ舗道れんが外装タイル内装タイル床タイル陶管
磁　器	良質粘土に石英・長石・陶石などを配合。	1450℃前後	吸水性なし（タイルでは吸水率1％以下）	白色，透光性あり，緻密で硬い，たたくと金属性音がする。強度大。	無釉施釉 ⎡石灰釉 タルク釉⎤	外装タイル内装タイル床タイルモザイクタイル衛生陶器

7・2　粘　土　瓦

粘土瓦は，和瓦と洋瓦に区分されている。

7・2・1　和　　　瓦

　和瓦は形状によって，図7・2のようにJ形，S形，F形に区分されている。このうち，基本形となる桟瓦の形状は図7・3のようである。桟瓦の寸法は表7・2のように規格が決められており，寸法区分の記号には3.3 m² 当たりのふき枚数が用いられている。

　また，和瓦は製法によって，釉薬瓦，無釉瓦，いぶし瓦に区分されている。

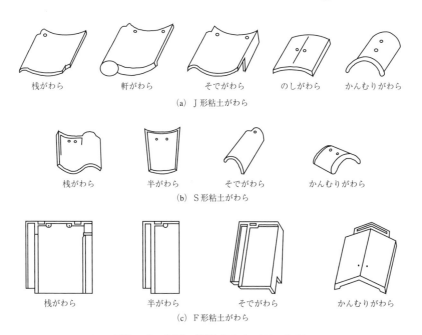

(a) J形粘土がわら

(b) S形粘土がわら

(c) F形粘土がわら

図7・2 和瓦の種類（JIS A 5208による）

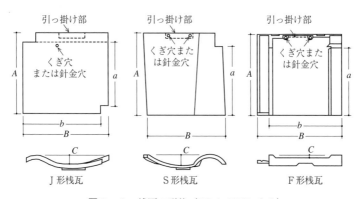

図7・3 桟瓦の形状（JIS A 5208による）

釉薬瓦は，石粉または土灰に着色材として各種の酸化金属を混ぜた釉薬を素地に塗って焼き上げたものである。釉薬の代わりに食塩を用いたものは塩焼瓦と呼ばれ，素地がよく焼き締まった時に食塩を投入すると，その蒸気が粘土の成分と結合して，表面にけい酸ソーダ質の透明皮膜をつくり，赤かっ色となる。

無釉瓦は，焼きしめたままの状態で表面に釉薬をかけない瓦で，せっ器質が多

表7・2 桟瓦の寸法

(JIS A 5208 による)

形状	寸法区分	寸法(mm)		働き寸法(mm)		谷の深さ(山の高さ)C (mm)	3.3 m² 当たりの葺き枚数(概数)
		長さA	幅B	長さa	幅b		
J形	49 A	315	315	245	275	35 以上	49
	49 B	325	315	250	265		
	53 A	305	305	235	265		53
	53 B	295	315	225	275		
	56	295	295	225	255	30 以上	57
	60	290	290	220	250		60
S形	49 A	310	310	260	260	50 以上	49
	49 B	335	290	270	250	40 以上	
F形	40	350	345	280	305	(35 以上)	40

く，素焼き瓦ともいう。オレンジ色を呈する。

いぶし瓦は，その面の処理程度によって，両面みがき・片面みがきおよび無処理に分けられる。みがきの場合，成形の際に素地の面を木片などでみがくと，質がち密になる。焼上がりの直前に半枯れのまつ葉でいぶし焼きをすると，表面が

図7・4 いぶし瓦

銀黒色の光沢を有する美しい仕上がりとなる。これをみがきという。防水・耐久的にも効果がある。現在は，プロパンガスなどでいぶす。

瓦は産地によって，例えば，いぶし瓦は，遠州瓦（静岡），三州瓦（愛知），淡路瓦（兵庫），京瓦（京都），菊間瓦（愛媛）などと呼ばれ，釉薬瓦は，能登瓦（石川），石州瓦（島根）などと呼ばれる。

7・2・2 洋　　　瓦

洋瓦には，図7・5に示すような形状のものがある。一般に1000℃以上で焼成して釉薬を施したものが多く，硬質であるから凍害に対しては強い。S形は，雨仕舞・外観などが優れているので多く用いられている。

図7・6にJ形桟瓦葺およびS形桟瓦葺の屋根を示す。

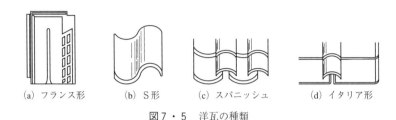

(a) フランス形　(b) S形　(c) スパニッシュ　(d) イタリア形

図7・5　洋瓦の種類

J形桟がわら
瓦桟
登り瓦桟
母屋
野地板
垂木
瓦座
ルーフィング
S形桟がわら
瓦桟
破風板
登り瓦桟
野地板
垂木
鼻隠
ルーフィング

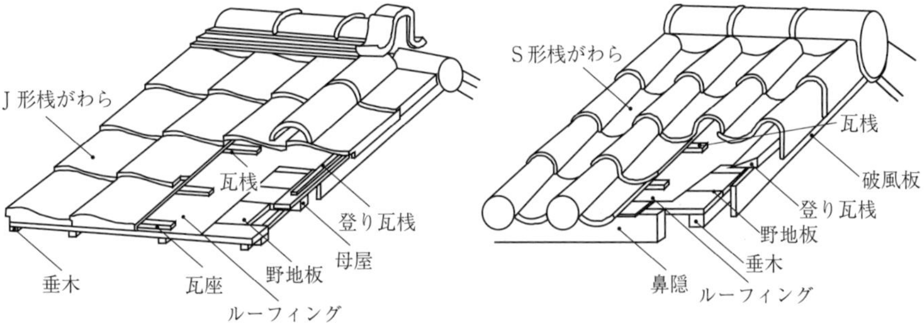

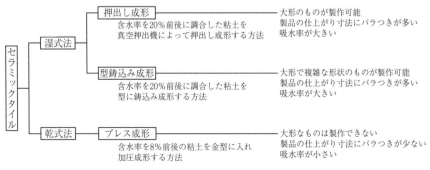

(a) J形桟瓦葺　(b) S形桟瓦葺

図7・6　粘土瓦の葺屋根

7・3　セラミックタイル

7・3・1　製　　法

セラミックタイル（陶磁器質タイルともいう）とは，主に壁・床の装飾または

セラミックタイル
湿式法
押出し成形
含水率を20％前後に調合した粘土を
真空押出機によって押出し成形する方法
大形のものが製作可能
製品の仕上がり寸法にバラつきが多い
吸水率が大きい
型鋳込み成形
含水率を20％前後に調合した粘土を
型に鋳込み成形する方法
大形で複雑な形状のものが製作可能
製品の仕上がり寸法にバラつきが多い
吸水率が大きい
乾式法
プレス成形
含水率を8％前後の粘土を金型に入れ
加圧成形する方法
大形なものは製作できない
製品の仕上がり寸法にバラつきが少ない
吸水率が小さい

図7・7　セラミックタイルの製法と特徴

保護のための仕上げ材料として用いられる粘土またはその他の無機質原料を成形し，高温で焼成した，厚さ40 mm未満の板状の不燃材料である。製法には，図7・7のように湿式法と乾式法がある。また，釉薬の有無により，**施釉タイル**と**無釉タイル**がある。施釉タイルには，乾燥後焼き締めてから釉薬を施し，それが溶けるまで再度焼成するものと，素地の上に直接釉薬を施して一度で焼成するものがある。

7・3・2　種　　　類

　製法によって区分するほかに，焼成素地の質および呼び名によって分けられる。焼成素地の種類には，表7・3のように**磁器質タイル**，**せっ器質タイル**，**陶器質タイル**がある。

　表7・3のように呼び名により**内装タイル**，**外装タイル**，**床タイル**，**モザイクタイル**に区分している。また，図7・8および表7・4のように形状・寸法による呼称もある。JIS A 5209-2020では，焼成素地の種類と吸水率とは必ずしも関連しないので，強制吸水率により，I類（3.0％以下），II類（10.0％以下），III類（50.0％以下）に分類している。

　一般に，室内用には陶器質タイルを，外部または床用には吸水率の小さい磁器質・せっ器質タイルなどを用いる。

表7・3　陶磁器質タイルの呼び名と品質

呼び名	きじ(焼成素地)の種類	吸水率(%)	曲げ荷重[1]（N/cm）	耐摩耗性(%)
内　装タイル	磁　器　質 せっ器質 陶　器　質	1.0 以下 5.0 以下 22.0 以下	壁用 12 以上 床用 60 以上	―
外　装タイル	磁　器　質 せっ器質	1.0 以下 5.0 以下	80 以上 100 以上[2]	―
床タイル	磁　器　質 せっ器質	1.0 以下 5.0 以下	120 以上	0.1 以下
モザイクタイル	磁　器　質	1.0 以下	60 以上	―

注. (1) 幅1cm当たりの破壊荷重　　　　　　　　　　（JIS A 5209-1994による）
　　(2) タイル寸法が155mmをこえる場合

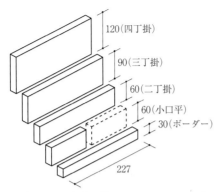

図7・8　陶磁器質のタイルの形状・寸法

表7・4　陶磁器質タイルの形状・寸法による呼称

呼　称	寸　法 (mm)
四丁掛	120 × 227
三丁掛	90 × 227
二丁掛	60 × 227
45 角	45 × 45
45 二丁	45 × 95
ボーダー	30 × 227
小口平	60 × 108
200 角	195 × 195
150 角	145 × 145
100 角	95 × 95

7・3・3 欠　　点

　欠点の種類には，貫入・切れ・層剥離・破損・変形・欠け・小穴・ゆうとび・むら・反り・色ぽつ・ばち・くすりむら，などがある。ばちは対角線の長さがふぞろいで，形の正しくないこと，切れは素地面の亀裂，欠けは隅部や面の欠け，色ぽつは点状の色違いの部分，くすりむらはうわぐすりの不均一な厚さによって生ずるものをいう。

　使用開始後に生ずる主な欠点は，躯体の動きや張り付けモルタルの収縮のために，表面に貫入という亀裂を生ずることである。寒冷地では，吸水され

図7・9　外装タイルの目地割りの種類

（馬踏み目地（破れ目地）／芋目地（通し目地）／たて芋目地）

（芋目地（通し目地）／馬目地（破れ目地）／矢筈張り（網代張り））

（ガーデン網代／フランス網代／バスケット）

（二丁網代／三つ目市松／重ね網代）

図7・11　床タイルの目地張りの種類

芋目地（通し目地）／馬目地（破れ目地）／四半目地

図7・10　内装タイルの目地割りの種類

た水が凍結し，その害は特に大きい。貫
入の生じやすいものは長い間にうわぐす
りがはげるため，外装用・床用には素地
の吸水性の少ないものを選ぶ必要があ
る。

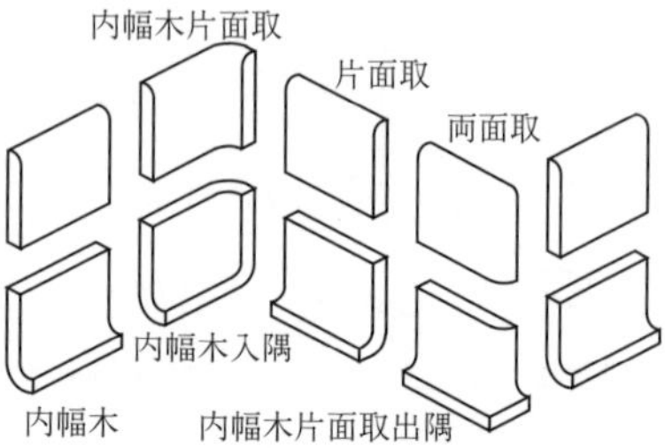

図7・12 内装タイルの割付図（JIS A
5209による）

7・3・4　割り付け

　タイルの割り付け方法は，図7・9〜
図7・11のように外装，内装，床など張る場所によって様々なパターンがある。
代表的なものは**芋張り**と**馬乗り張り**である。芋張りは竪目地を通すタイル割りで
あり，役物タイルが少なくてすむという長所がある。馬乗り張りは各段ごとにタ
イルの張り方をずらす割り付け方法である。役物タイルの数は増えるが，多様な
建築表現が可能になる。

7・3・5　タイル張り工法

　タイル張り工法は，あらかじめ施工されている下地にタイルを張り付ける**後張
り工法**，コンクリートを打設する前に合板型枠やプレキャストコンクリート用型
枠にタイルを配置しておく**先付け工法**，金物などでタイルを固定する**乾式工法**の
3種類に分けられる。このうち，建築現場では後張り工法がよく用いられるが，

表7・5　タイルの後張り工法の種類と概要

種　　　類	概　　　　　要
積み上げ張り工法	タイルの裏面にモルタルをのせ，平らに均して，硬化した下地モルタル面に押し付けるように張り付ける。その上から木槌でタイル面を叩き，張付けモルタルがタイル裏面にいきわたるようにする。
改良積み上げ張り工法	コンクリート躯体の上に下地モルタルを15mm程度の厚さに塗り，これが硬化しないうちに張付けモルタルを比較的薄くのせたタイルを押し付けて張る。
圧着張り工法	硬化した下地モルタル面に張付けモルタルを塗り，その上にタイルを押し付け，木槌またはビブラート（タイル張り用振動工具）を用いて圧着する。
改良圧着張り工法	硬化した下地モルタル面に張付けモルタルを塗り，これが硬化しないうちにタイル裏面に同じ張付けモルタルを塗って押し付けた後，木槌またはビブラートを用いて圧着する。圧着張り工法に比べて良好なタイルの接着が得られ，タイル剥離の事故が少なくなるという利点がある。

後張り工法には図7・13および表7・5に示す種類がある。外装タイルが下地のモルタルごと剥落すると危険であり，入念な施工が必要とされている。モルタルの代わりに有機系接着剤を用いる工法もある。

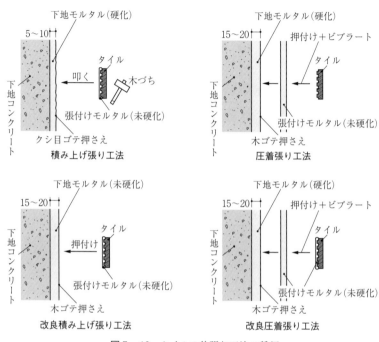

図7・13　タイルの後張り工法の種類

7・4　れ　　ん　　が

　れんが（煉瓦）は，片手で持てる重量に大きさを統一した直方体の建築材料である。我が国では，構造用材に用いられることは少なく，仕上げに用いられている。欧米では，コンクリート造などと併用されている。

　れんがを用いて壁や塀を構築する**れんが積み**には，イギリス積み，フランス積み，オランダ積み，小口積み，長手積みなどがある。目地を破れ目地とすることで，上部からの荷重を分散させることができる。

　れんがの種類には，**普通れんが**，非構造の外壁仕上げ工事などに使用される**化粧れんが**，**舗装用れんが**，煙突・暖炉・石窯などに用いられる**耐火れんが**などがある。この他に特殊れんがとして，音・熱の遮断を目的として，床・壁または煙突の外張りなどに用いられる**空洞れんが**，セメントモルタルまたは急冷したスラグに少量の石灰を混ぜてつくられた**セメントれんが・スラグれんが**などがある。

７・４・２　普通れんが

　基本形は長さ210×幅100×厚さ60mmであるが，図7・14のように加工して用いる。規格では表7・6のように品質が区分されている。

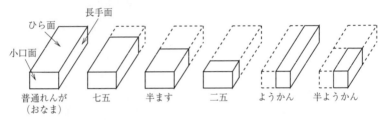

長手面
ひら面
小口面

普通れんが　　七五　　半ます　　二五　　ようかん　半ようかん
（おなま）

図7・14　普通れんがとその加工品

表7・6　普通れんがの品質

	2種	3種	4種
吸水率（%）	15以下	13以下	10以下
圧縮強度（N/mm²）	15以上	20以上	30以上

(JIS R 1250による)

7・5 衛 生 陶 器

　図7・15に示すような，浴そう・洗たく流し・手洗い器・大便器・小便器およびこれらに類する器具を総称して**衛生陶器**（JIS A 5207）という。

　衛生陶器は使用目的から，次の条件を備えている必要がある。

1）　表面が平滑で釉薬のむらや気泡などがなく液体に対して不浸透性である。

2）　きずまたはひび割れがなく，耐酸性・耐アルカリ性である。

3）　外観が美しく，取付けが容易である。

　衛生陶器はその素地（きじ）によって，溶化素地質・化粧素地質および硬質陶器質に分類される。

　溶化素地質は，高級陶土を用いて素地の一部が溶けるまで高温焼成したもので，素地の吸水性はほとんどない。

　化粧素地質は，耐火土（高アルミナ質粘土）を主原料とした素地上に，溶化素地質の薄層を融着させたもので，素地には吸水性がある。**硬質陶器質**は，陶器の素地をよく焼き締めたものであって，素地には吸水性がある。

　これらの素地に釉薬を施して衛生陶器となる。**二度焼**と呼ぶものは，素地焼締

（a）浴そう

図7・15　衛 生 陶 器

めの後釉薬を施して，さらに高温で焼いた高級品である。**一度焼**は成型品の上に釉薬を施して，素地および釉薬を比較的低温で1回で焼成するもので，外観は白色で鮮明に美しく見えるが，貫入が起こりやすい。

　規格（JIS A 5207）では形状・寸法および検査法などのほかに，欠点として，釉薬の泡・小穴・くすりはげ・切れその他の限度を定めている。

7・6　土　管・陶　管

　土管は，粘土素地を1000℃以下の温度で焼成したものである。素地のままのものと外面に簡単な釉薬を施したものとがあり，吸水性が大きいので給水用には用いず，もっぱら下水・排水用に用いられる。

　陶管は，良質粘土を1000℃以上で焼成し，管の内外に釉薬をかけたもので，吸水率が小さく，吸水用にも用いられる。

　土管・陶管には，図7・16に示すような断面が円形の円管以外に，半円形・角形・溝形のものなどがあり，排水・側溝などの地表敷設に用いられる。

　また，図に示したように，直管のほかに枝付管・T管・曲がり管・トラップなどの異形管がある。

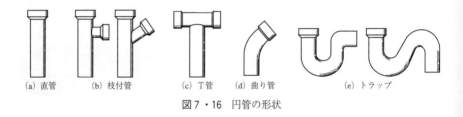

（a）直管　　　（b）枝付管　　　（c）T管　（d）曲り管　　　　（e）トラップ

図7・16　円管の形状

　陶管各部の名称は図7・17のようであるが，円管の大きさは，管の内径をcmで示し，例えば，10 cm管などと呼んでいる。また，JIS R 2304では，管壁の厚さによってI類とII類に区分し，各部寸法・圧縮荷重などを表7・7のように定めている。

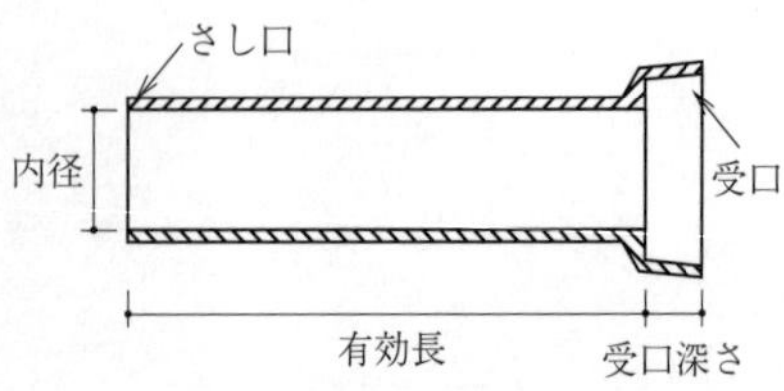

さし口

内径

受口

有効長　　　受口深さ

図7・17　管各部の名称

表7・7 陶管の種類

種類	内 容 (mm)	有効長さ (mm)	厚 さ (mm)	外圧強さ (kN/m)	吸水率 (％)
I類	100〜600	660〜2000	16〜44	26〜44	9.0以下
II類	50〜300	450〜600	9〜21	9〜15	10.0以下

(JIS R 1201 による)

7・7 そ の 他

(1) テラコッタ

主として建築化粧用のほか，装飾に使用される焼き物を**テラコッタ**という。素地はせっ器質のものが多く，古くは質量を減らす目的で空洞をもった大型のものがパラペット・じゃ腹の装飾用に用いられた。色調にも多種ある。

(2) 建築用セラミックメーソンリーユニット

建築用セラミックメーソンリーユニット（JIS A 5210）は，粘土・陶磁器用原土を混練し，空洞コンクリートブロックと類似した形状に成形して，1000〜1300℃で焼成したものである。空洞部に鉄筋を挿入して補強し，主として壁用に使われる。モデュール長さが300mm未満のものを**セラミックれんが**，300mm以上のものを**セラミックブロック**と呼ぶ。

図7・18 空洞のセラミックブロックを組み合わせた通風壁（写真提供：INAX）

第8章
石灰・せっこう系材料
Lime and Gypsum

天然せっこう

　石灰は，5000年以上昔から壁・床に塗られていた。ピラミッド，中国の万里の長城，黄河の堤防などにも使用されている。ローマ時代のローマンセメントは石灰に火山灰を混ぜたものである。我が国においては，しっくいとして古くから壁仕上材に使われ，世界的な評価も高い。

　また，せっこうの歴史も古く，B.C.2000年頃にはピラミッドの石材の目地材には焼きせっこうが使われており，せっこうを焼いたものが水硬性を有することがすでに発見されていた。西暦1200年までは石灰モルタルが多く使用され，せっこうはあまり使われなかったが，ルネッサンス期になって装飾的塗り壁が盛んになり，多く使われるようになった。日本では明治以前は薬として使用されていたが，洋風建築の輸入とともに外壁仕上材として使われて普及した。

　石灰・せっこうは，建築ではしっくい・ドロマイトプラスター・せっこうプラスターなどに加工され，壁および天井の左官材料として古くから用いられており，互いに似た性質をもっている。

8・1　石灰系材料
8・1・1　製法・性質
(1) 生石灰

　石灰は，石灰石または貝がら，（主としてかき貝）を焼いてつくられる。石灰石の主成分は炭酸カルシウム（$CaCO_3$）であり，純粋なものは純白結晶質であるが，炭酸マグネシウムや少量のけい酸を含んでいる。炭酸マグネシウムを5～30％含むものを約900℃で焼くと，CaO を主体とする**生石灰**（きせっかい，あるいは，せいせっかい），または CaO と MgO を主体とする**ドロマイト石灰**が得ら

れる。

(2)　消　石　灰

　生石灰（CaO）に水を加えると，容積を増して微粉となる。これを消化という。できた粉末は**水酸化カルシウム（Ca (OH)$_2$）**を主体としており，**消石灰**（しょうせっかい）と呼ばれる。通常，建築ではこの消石灰が用いられる。

　左官用消石灰は規格（JIS A 6902）によって品質が定められている。

　我が国の主な消石灰の産地は，栃木（葛生）・岐阜（赤坂）・高知・大分（津久見）である。

8・1・2　用　途・製　品

(1)　しっくい

　しっくい（漆喰）は，世界各国を通じて広く普及し，かつ歴史の古いものである。消石灰に，**継ぎ材**として麻またはすさ，**のり剤**として，つのまた・本のりなどの煮汁を混ぜたものである。塑性が大きく，硬化後，表面が炭酸ガスに接して次第に炭酸カルシウムとなり，硬い被膜を形成する。しっくい壁は，美しい白亜を呈しており，耐水性・耐火性・耐久性を兼ね備えている。

　しっくいに用いられる消石灰は，微粉で純白かつ風化しないものほどよい。しっくいには白色仕上げしたもの以外に，黄土・群青・べんがらなどの顔料で着色した色しっくいがある。平瓦を張付け，その目地にしっくいを高く盛った**なまこ壁**は伝統的な壁である。

(2)　ドロマイトプラスター

　ドロマイトプラスター（JIS A 6903）は，ドロマイト石灰を消化したものであり，消石灰に相当量の水酸化マグネシウムを含むものである。外観は消石灰と同様の白色微粉材であるが，しっくいと異なり，水と練り合わせたときに適度な粘性を有し，のり剤を用いず施工することができる。一方，収縮率が大きく，すさ・ファイバーなどを混入して用いる。

図8・1　左官工事用コテ

　モルタル塗りの場合，セメントにド
ロマイトプラスターを約20％混合する
と，粘性とこて引きがよくなる。また，
仕上塗材の混和材としても用いられる。

　しっくい・ドロマイトプラスターと
もに，表面は長い間に空気中の炭酸ガ
スと結合して硬化が進行する。したがっ
て，空気との接触を防げるような仕上
げを硬化前に行ってはならない。約6
〜12か月の間はアルカリ性を有するた
め，油性ペイント塗りはできない。

図8・2　最近は，凝似仕上げも左
官技術の一つである。

8・2　せっこう系材料

8・2・1　製　法・性　質

　天然せっこう（$CaSO_4 \cdot 2H_2O$）は，結晶水をもち，純粋なものは淡紅色透明性
の方解石である。

　せっこうを180〜190℃で焼くと，結晶水の一部を残して**焼せっこう**
（$CaSO_4 \cdot 1/2H_2O$）となる。焼せっこうに水を加えて練ると，焼成のとき失った
水を吸収して化学的に硬化し，加水後5〜20分以内で硬化が完了する。この性
質を利用して，塑像・模型などの製作に用いられる。

　焼成温度が200℃より高くなるか，または焼成時間が過度に長くなると，結晶
水の全部をなくして**無水せっこう**（$CaSO_4$）となる。無水せっこうは，焼きせっ
こうのように再度水と結合して硬化しない。しかし，特殊製法による無水せっこ
うは，水を加えて練ると徐々に硬くなり，強さが大きくなる。これは，**キーンス
セメント**と呼ばれ普通のせっこうよりも仕上がりが丈夫である。

8・2・2　用　途・製　品

（1）　せっこうプラスター

　焼せっこうに水を加えると水和して硬化するが，さらに水分が蒸発乾燥するこ
とにより強度が増す。したがって，セメントと異なり**水和気硬性**である。純粋な
焼せっこうは，水を加えてから約5〜20分で硬化するため，左官工事には適さ

ない。そこでこの硬化時間を調整するために混和材料をあらかじめ混ぜるか，または使用の際混ぜて用いる。これを**せっこうプラスター**といい，規格（JIS A 6904）では次の3種類を規定している。

　現場調合プラスターは，建築現場において骨材を調合の上，水と練り合わせて使用するせっこうプラスターである。**既調合プラスター下塗り用**は，あらかじめ骨材，混合材料等が混入されており，建築現場において水を加えるだけで使用できるせっこうプラスターのうち，下塗りに用いるものである。**既調合プラスター上塗り用**は，既調合せっこうプラスターのうち，上塗り（下地に仕上げとして薄く塗りつける工程）に用いるものである。

　現在では，既調合プラスターが普及している。せっこうプラスターには，すさ・のりは原則として用いない。また，化学的に硬化するので内部まで硬くなり，結合水をもつから防火性も大きい。さらに弱酸性であるから，これに接する木材の腐食を防ぎ，油性ペイント塗りも直ちにできる。また，よく調整されたせっこうプラスターは，乾燥による収縮がきわめて少なく，他の材とのすきまが生じにくい。

　（2）　せっこうボード

　せっこうボードは，副産化学せっこうを主原料とし，これをいったん200℃程度で焼成した後，水で練って分厚なボード用原紙の間にサンドイッチ状にはさみ，ロール掛け成形したものである。成形後1時間以内で硬化するが，よく乾燥した後，形状を整えて製品とする。

図8・3　せっこうボード（不燃材料）

　せっこうボードの性能は，表8・1のようである。せっこうボードは，防火性に優れ，温度・湿度の変化による寸法変化が小さく，現場で切断・穴あけ・釘打ちなどの加工がしやすく，比較的安価である。反面，耐水性に劣り，衝撃に弱いという短所もある。

表8・1　せっこうボードの性能

厚　さ（mm）		9.5	12.5	15.0
含水率（％）		3以下		
曲げ破壊荷重 （N）	長さ方向	360以上	500以上	650以上
	幅方向	140以上	180以上	220以上
難　燃　性		難燃2級	難燃1級	難燃1級
熱　抵　抗（m²·K/W）		0.043以上	0.060以上	0.069以上
単位面積当たりの質量 （kg/m²）（参考）		5.7〜8.6	7.5〜11.3	9.0〜13.5

（JIS A 6901による）

　間仕切壁・天井張りに多く用いられ，その表面に壁装材料，塗料などを用いて仕上げる場合が多い。標準的に使われるせっこうボードの他，主なものには，耐火性と耐衝撃性を加えた**強化せっこうボード**，くぎ側面抵抗を強化した**構造用せっこうボード**，表面を化粧加工した**化粧せっこうボード**，防水処理をした**シージングせっこうボード**，表面にくぼみを付けたせっこうプラスター下地用のせっこうラスボード，小孔をあけ，吸音性をもたせた**吸音用あなあきせっこうボード**などがある。

8・3　その他の左官材料

8・3・1　土　　　壁

　木舞（こまい）と呼ばれる格子状の補強部材にわら，すさなどを加えた土を塗り重ねた壁。**土壁**の原料となる土には乾燥すると固まる性質（自硬性）を有する粘土を使用し，それに**わら**，**すさ**，**砂**，**糊**を混ぜ合わせて練る。すさは稲わらなどの植物繊維で，ひび割れや剥落を防ぐ役割がある。砂もひび割れを防ぐ効果があるが，色のついた砂を用いることで意匠性を付与することもある。糊は土がすぐに乾燥するのを防ぎ，塗りつけやすくする役割がある。

図8・4　土壁材料の仕上り

　土壁は仕上げとなる上塗りだけでなく，荒壁，中塗りというように層を塗り重ねて壁をつくっていく。このため，それぞれの層に適した土や材料を選び，混ぜる分量も工夫しなければならない。土壁として有名なものには聚楽壁（京壁），錆壁，紅壁，大津壁などがある。現在では，省力化・工期短縮のため，あらかじめ調合してあり，現場で水を加えて練るだけで使える既調合材が製造されている。

　土壁は手間と時間がかかる湿式工法であるため，ビニル壁紙などの安価で簡単に施工できる材料のほうが圧倒的に普及してきた。しかし，最近では室内環境や自然環境への意識が高まる中で，土壁が見直されるようになってきた。また，版築と呼ばれる基本的に土をたたき，しめ固めた壁の工法も近年見直され使われている。

8・3・2　珪　藻　土

　珪藻土は，海や湖などに生息していた植物性プランクトンの死骸が堆積してできた土層から採取される。組織が球形で弾性多孔質であり，吸放湿性に優れている。七輪（しちりん）の原料でもある。珪藻土には自硬性がないため，凝固材が必要となる。凝固材には，セメント，せっこう，ドロマイトプラスター，合成樹脂などが使われる。

　珪藻土を素材とした左官材料は，軽量で耐火性・断熱性に優れる。また，脱臭性・調湿性・防カビ性も備えている。室内環境問題を背景に注目され，現在では，珪藻土を素材とした既調合の左官仕上材も製品化されている。

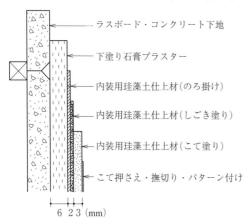

ラスボード・コンクリート下地
下塗り石膏プラスター
内装用珪藻土仕上材(のろ掛け)
内装用珪藻土仕上材(しごき塗り)
内装用珪藻土仕上材(こて塗り)
こて押さえ・撫切り・パターン付け

6 2 3 (mm)

図8・5　珪藻土を用いた内装仕上の施工工程の例

図8・6　珪藻土の施工

第9章
プラスチック
Plastic

プラスチック系素材
外壁パネル

　同種または異種の単量体が，数百から数万も結合（重合・縮合・共重合）してできた物質を合成高分子化合物（プラスチック）という。天然にも天然ゴム・アスファルトなどの高分子化合物がある。

　合成高分子化合物が工業製品として本格的に登場したのは，約半世紀前である。当初は繊維あるいは樹脂として，主に衣類や容器に利用されていた。しかし，近年になってその用途は大幅に広がり，建築材料としての重要性も増している。

9・1　プラスチック

　プラスチック（plastic）とは，塑性物質の意味であるが，合成高分子化合物が塑性に富むという共通の性質をもっているところから，このように呼ばれている。合成樹脂というのもプラスチックの一つの呼び方である。

9・1・1　性　　　質

プラスチックには，次のような長所・短所がある。

⑴　長　所

1)　**塑性・可紡性**が大きいので，器具類，板およびシート類，パイプ類，繊維または布状製品などがつくられる。

2)　**展性・延性**が大きく，被膜が強くて光沢があるので，ペイント・ワニスなどの塗料に適する。

3)　**耐酸性・耐アルカリ性**に優れているので，防腐塗料に適するばかりでなく，モルタル・コンクリートまたはしっくいなどの表面塗料に適する。

4)　**接着性**が強く，かつ安全性に富むので，パテ・充てん材（コーキング材・

シーリング材) に適する。

5) **透光性**がよいものは，ガラスに代わる採光板として用られる。

6) 着色が自由で加工性に優れることから，化粧用に適する。

(2) **短　所**

1) 成型品は，軽量で強さが大きいが，**剛性・弾性**などが小さいので，現在は構造材に適するものはない。

2) **耐火性**に劣り，150℃以上に耐えるものはきわめて少ない。

3) 温度変化による**伸縮**が比較的大きい。

4) 天然材料に比べると材料表面が変化しやすく，**耐汚染性・耐久性**などに劣る。

9・1・2 種類・製品

　プラスチックには，図9・1のようなものがある。

　熱可塑性樹脂には，熱を加えるとある温度で軟化し，塑性または粘着性をもつようになり，冷却すると再び硬くなる性質がある。これを利用して，ポリ塩化ビニル樹脂などの熱可塑性樹脂の製品は，重ね合わせて加熱により，堅固に接着することができる。

　熱硬化性樹脂には，一度固まると，これに熱を加えても再び軟化しない性質がある。このため，メラミン樹脂などでつ

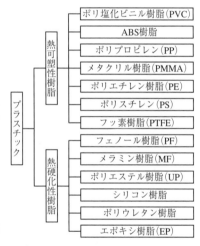

図9・1　プラスチックの区分と種類

くられた電話機・食器類，またはポリエステル樹脂の布などは，熱してもビニル製品のようには軟化・粘着しない。

(1) **熱可塑性樹脂**

(a) **ポリ塩化ビニル樹脂（PVC）**

　現在，最も広く用いられている樹脂の一つである。塩ビと略称される。主原料が石油と海水（塩）である。低温でもろくなり，約80℃で軟化する。耐酸性・耐アルカリ性に優れ，かつ安価。板材・電線被覆・ビニル床・カーペット・給排水管管類・造作・雨樋・テント・養生メッシュ・塩ビ鋼板・樹脂製

サッシ・膜コーティング材料などの
建築材料として広く用いられる。

　板には平板・波板・リブ板があり
主に屋根材として使われる。いずれ
も色の種類は多く，透明・半透明・
不透明のものがある。

(b)　**ABS樹脂・ポリスチレン樹脂(PS)**

　　アクリロニトリル(A)，ブタジエン
(B)，スチレン(S)，の3種類のモノマ
ーを重合させたものをABS樹脂とい
う。耐衝撃性・耐熱性・耐薬品性・

図9・2　繊維補強コンクリート用
ポリビニルアルコール
（ビニロン）樹脂繊維

成形性に優れる。反面，耐候性に劣り，日光に長い年月さらすと強度が低下
するため，塗装などで表面を保護する必要がある。内装材・外装材・水廻り
（ユニットバス排水溝，台所用品など）・工事用ヘルメット・キャリーバッグ
などに用いられる。スチレンとブタジエンを重合させたポリスチレン樹脂を
発泡させたものは**発泡スチロール**といわれ，断熱材などに使用される。

(c)　**ポリプロピレン樹脂（PP）**

　　プラスチックの中で最も比重が小さい（0.9）。耐熱性・耐薬品性・成形性
には優れるが，耐候性・接着性が悪い。繊維として用いられる。ポリエチレ
ン樹脂に次ぐ生産量である。ボード類・デッキ材などの建築材料，軽量化が
必要な部品，文具・容器・自動車のバンパーなどに用いられる。

(d)　**メタクリル樹脂（PMMA）**

　　アクリル樹脂ともいう。強度が強く，軽量，透明度もよいので，ガラスの
代用として採光板に用いられることが多い。ガラスよりも大型かつ，曲面状
に加工できる。成型品には平板・波板がある。アクリル系樹脂は塗料の原
料，左官材料としてポリマーセメントモルタルなどにも使用される。

(e)　**ポリエチレン樹脂（PE）**

　　日常，最も多く使われているプラスチックの一つであり，エチレンを重合し
て得られる。耐寒性・防水・耐薬品・絶縁性が良いが，耐熱・耐紫外線・耐
傷に劣る。ルーフィング・コーティング材・パイプ・デッキ材・ブルーシー
ト・建設工事用防護管・バケツ・植栽具・容器などに用いられている。ポリ

エチレン樹脂を発泡させたものは，断熱材として使用される。ポリエチレンテレフタレート（PET）は，ペットボトル・繊維強化プラスチックに用いられる。

(f)　フッ素樹脂（PTFEなど）

　　熱に強く，低温にも強い。高度な耐薬品性・耐候性により塗料・コーティング剤・膜構造材料（PTFE膜）に使用されている。**テフロン**とも呼ばれる。

(g)　ポリカーボネート類（PC）

　　耐衝撃性・透明性に優れ，ガラスより衝撃強度が大きく加工性にも優れているので，ガラスの代替品となる。透明屋根材料，耐衝撃窓などに用いられる。

(2)　**熱硬化性樹脂**

(a)　フェノール樹脂（PF）

　　セルロイドに次ぐ古いプラスチック。**ベークライト**とも呼ぶ。優れた電気絶縁性と耐熱性・成形加工性を有する。接着剤，化粧合板，塗料に使われる。

(b)　ユリア（尿素）樹脂（UF）・メラミン樹脂（MF）

　　両者は，よく似た性質をもち，板・塗料・接着剤などに用いられる。両者を配合し，優れた性質としているものが多い。**耐水ベニヤ**はこれらを接着剤として用いたものである。メラミン樹脂を主材とした化粧板は，内壁や家具の仕上げに広く用いられている。

(c)　ポリエステル樹脂（UP）

　　繊維強化プラスチック（FRP：fiber reinforced plastic）として使われることが多い。FRPは強度，耐久性が高く，波板，平板屋根，天窓などに用いられる。また，ガラス繊維FRPは，浴そう，設備ユニット，外装パネルなどに使用される。そのほか，塗料・**コーキング材**などにも用いられることがある。

(d)　シリコン樹脂（SI）

　　耐熱性・耐候性に優れ，$-60\sim+260℃$ の間では十分な弾性を保つ。有機酸には弱いが，その他の酸やアルカリには強い。また，接着力も大きく，接着剤・塗料などに用いられる。コンクリートなどの外壁の**防水仕上塗料・シーリング材**などに適している。ただし，下地が湿っている場合，または塗り終わり後約10時間以内に雨水がかかったりすると縮合が完全に行われないので，効果は著しく減少する。

(e)　ポリウレタン樹脂（PUR）

　　変形性能がよく，しかも耐薬品性に優れている。発泡材は**ウレタンフォー**

ムと呼ばれ，クッション材，断熱材などに，その他シール材・塗料などに用いられる。

(f)　**エポキシ樹脂（EP）**

接着剤・成形材料・積層板・塗料・ポリマーコンクリートなどに広く用いられる。特に接着力が強い。また，金属との接着性・電気絶縁性・耐熱性・機械的性質にも優れ，多くの溶剤にも侵されないなどの長所を持っている。

9・2　ゴ　　　　　ム

9・2・1　性　　　　質

ゴムの樹液（ラテックス）からつくられる**天然ゴム**と，主として石油からつくられる**合成ゴム**とがある。ゴムの最大の特徴は弾性であるが，用途に応じて耐熱性・耐候性・耐油性など種々の特性を付与することが可能である。ゴムはそのままの状態（生ゴム）で使用されるのは稀であり，多くの場合，目的に応じて種々の混和材を配合して用いられる。この配合処方によってゴムの弾性を軟らかいものから硬いものまで変えることができる。これらの混和材としては，油・カーボンブラックなどの充てん剤，硫黄などの加硫剤等が使われる。

9・2・2　用　途・製　品

ゴムタイルは加硫ゴムに充てん剤として顔料を加えたもので，弾力性が大きく，耐水性がよく，色が鮮明などの特徴を有する。

外壁・窓などの防水材，シーリング材およびルーフィング材として，天然ゴムや エチレンプロピレンゴム（EP），クロロプレンゴム（CR）などの合成ゴムが使われている。

ゴムは弾性と減衰作用の両方の性質

図9・3　免震構造の基礎に用いられているゴム

を有するため，図9・3のように，近年では，**免震構造**用の免震装置にも使われている。

第10章
塗料・仕上塗材
Paint and Wall Coating

ポータブル色差計
色彩管理などに使われる

　B.C.3000年の縄文式土器には，すでに今の漆に近い塗料が塗られていた。その後，仏教の伝来とともに中国から優れた塗装技術が伝わった。現存する法隆寺の伽藍の木部には丹塗りと呼ばれる朱色の水性塗料が塗られており，我が国建築塗装の源流といわれている。現在では，ほとんどの材料に塗装が施されており，建築材料としての役割も多様化している。昭和の初めには，ドイツからリシンと呼ばれる凹凸の仕上げをもつ材料が輸入され，仕上塗材として普及していった。

　塗料および仕上塗材は，物体表面の保護・装飾などの目的で使われるもので，建築物以外の各方面にも広く用いられている。古くは天然の材料が多く用いられていたが，現在ではより性質の優れた人工の樹脂性塗料および樹脂を混入した仕上塗材が用いられるようになった。

10・1　塗　　　　料

　塗料の目的には，虫害・腐食や風化などを防ぐ材料の保護，装飾を目的とした美粧，防火・結露防止・電波吸収などの機能の付与などがある。

　塗料は木材・金属面だけでなく，セメント製品・しっくいおよびコンクリートの表面，石材面にも塗布される。

10・1・1　塗料の分類

　塗料は，図10・1のように分類することができる。

　現在使われている塗料のほとんどは，合成樹脂を原料とした塗料である。合成樹脂を用いた塗料は，耐久性・耐候性・機能性・施工性・色彩やテクスチャーの多様性などいろいろな点で優れている。塗膜形成タイプの塗料は，不透明塗料と

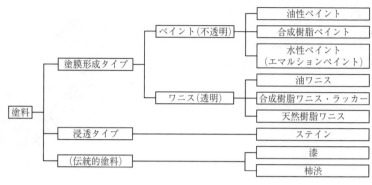

図10・1　塗料の分類

透明塗料に大別される。前者は顔料を含んでおり，後者は含んでいない。不透明塗料で代表的なものはペイントであり，特に，平滑で光沢のある塗膜が形成されるようにつくられたものをエナメルという。透明塗料で代表的なものはワニスである。

　また，木質素地にはステインと呼ばれる浸透タイプの塗料が使用される。ステインは木質系素地に含浸し，素地の質感が生かされた仕上げとなるため，素地の上に塗膜を形成する塗料とは異なって分類されることが多い。

　日本で古くから使われている伝統的な塗料には，漆や柿渋がある。合成樹脂を用いた塗料が普及する以前には，広く用いられてきた。近年では，室内空気汚染，自然環境汚染の問題が浮上する中で，再び見直されている。

10・1・2　ペ　イ　ン　ト

(1)　原　　　料

　図10・2に示すように，ペイントは，塗膜形成要素と塗膜形成助要素から構成されている。塗膜形成要素の中で主となる原料は，展色剤と顔料である。これに種々の添加剤を加えている。塗膜形成助要素は一般にうすめ液と呼ばれており，樹脂や油を溶かす役割がある。

(a)　展色剤

　ビヒクルともいい，顔料のつなぎとなるもので，塗料に流動性を与え，乾固した被膜に粘りと光沢を与える。展色剤には図10・2に示すものがある。また，展色剤の性質により塗膜形成メカニズムや塗膜の性能（耐候性・耐水性・耐薬品性など）が特徴づけられる。

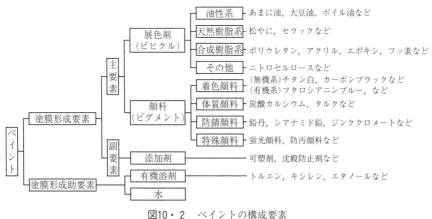

図10・2　ペイントの構成要素

(b)　顔　料

　　着色を目的とする**着色顔料**，材質の改善のために混入される**体質顔料**，発錆を防止する効果を付与するための**防錆顔料**がある。多くは無機質であるが，有機質に金属を化合させたレーキ顔料と呼ばれるものもある。水・油・アルコールなどに不溶性であること，不透明で均質な微粉であって被覆性が大きいこと，および色調が鮮明で日光または天候によって変色・変質しないことなどが必要である。主なものを表10・1にあげる。また，着色顔料を色別に分類すると，図10・3のようになる。

表10・1　顔料の種類とその役割

有機顔料	着色顔料	石油・石灰から合成された高分子の色粉で塗装に色彩を与える。
無機顔料	着色顔料	金属を原料としてつくられた色粉で塗装に色彩を与える。
	体質顔料	鉱物（岩石，粘土），貝殻を粉砕した粉で， ① 塗装を肉厚にし，丈夫にする（骨材）。 ② 塗装の機能を与える（パテ，サーフェイサーなど）。 ③ 光沢の調整（つや消し剤）などに使われる。
	防錆顔料	金属（鉛，亜鉛，クロムなど）を原料として合成された防錆を目的とした顔料 金属粉顔料金属（アルミ，真鍮，酸化鉄，亜鉛，チタンなど）を粉砕，特殊加工した粉で， ① 塗装に緻密性を与え丈夫にする（アルミ粉，鱗片状酸化鉄粉）。 ② 塗装にメタリック，パール調のテクスチュアを与える（アルミ粉，チタンパール）。

種類	色相	白	黒	(暗)緑	黄	橙	赤	青赤	紫	青	青緑	緑
無機顔料	チタン系	チタン白		チタン黄								
	酸化鉄系		(黒色)酸化鉄		(黄色)酸化鉄		(赤色)酸化鉄			紺青(プルシャンブルー)		
	鉛系	鉛白	黒鉛		クロム酸鉛(黄鉛)	モリブデン酸鉛(クロムバーミリオン)(モリブデートオレンジ)						混合グリーン
	炭素系		カーボンブラック									
	その他	亜鉛華								群青(ウルトラマリンブルー)アルミ酸コバルト(コバルトブルー)		
有機顔料	合成顔料		アゾ系顔料 (ハンザイエロー)(ブリリアントカーミン)(ボンマルン) (ベンヂジンイエロー)(パーマネントレッド) ナフトール系顔料　フタロシアニン系顔料(フタロシアニンブルー)(フタロシアニングリーン) ペリレン系顔料　インダスレン系顔料 キナクリドン系顔料 チオインヂゴ系顔料 イソインドリノン系顔料										

図10・3　主な着色顔料の分類

(c) **添加剤**

　　塗料の性能を向上させる補助薬品で，可塑剤，沈殿防止剤，防かび剤などがある。

(2) **ペイントの種類**

(a) **油性ペイント**

　　展色剤として植物油・動物油などの**油脂**を用いたペイントを油性ペイントという。油脂としては，空気中の酸素と化合することにより硬化して塗膜を形成する**乾性油**（あまに油・えの油など），硬化がやや遅い**半乾性油**（大豆油・魚油など）のほか，大豆油などに空気を吹き込んで加熱し，乾きやすい性質を与えた**ボイル油**が使われる。油性ペイントは，着色効果はあるが，光沢は少なく，乾燥も遅い。以前は，現場でボイル油，溶剤を加えて練り合わせる硬練りペイントがあったが，作業能率が悪いため現在使われていない。現在では，工場であらかじめ調合されており，現場では塗るだけでよい油性調合ペイント（JIS K 5511）が使われている。

(b) **合成樹脂ペイント（溶剤形）**

　　顔料，合成樹脂類および**有機溶剤**を主原料とする。溶剤が発散して，光沢

のある樹脂性被膜をつくる。樹脂類としては，アクリル・エポキシ・ポリウレタン・フッ素・塩化ビニルなど多くが用いられている。油性ペイントに比べて，耐アルカリ性・耐酸性・耐久性などに優れている。セメント製品およびコンクリート塗料に適するばかりでなく，さび止め塗料・防水塗料・外装用塗料にも用いられる。**アルキッド樹脂**は，主に木材保護用に使われる。

(c)　**合成樹脂エマルションペイント**

　　合成樹脂ペイントには有機溶剤が使用されるが，環境問題への配慮から近年では，水が使用される。これは，樹脂の粒子を水の中に浮かせたものでエ

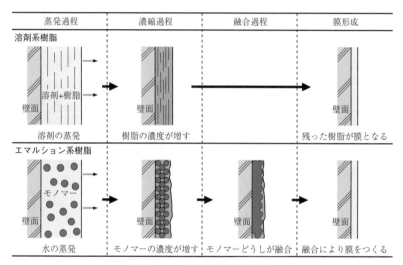

図10・4　塗料の塗膜形成過程

表10・2　溶剤形塗料・弱溶剤形塗料・水系エマルション塗料の特徴

項　目 ＼ 塗料の種類	溶剤形塗料	弱溶剤形塗料	水系エマルション塗料
溶 媒 の 種 類	トルエン・キシレン	ミネラルスピリット	水
揮発性有機化合物	多い	多い	非常に少ない
大 気 汚 染	影響が大きい	影響が少ない	影響が非常に少ない
引 火 性	あり	あり	なし
有 機 溶 剤 中 毒	影響あり	影響が少ない	ほとんど影響なし
乾 燥 性	速い	溶剤系より遅い	温湿度の影響が大きい

マルションと呼ばれる。このような塗料を**合成樹脂エマルションペイント**（水性ペイントともいう）という。図10・4に，溶剤系樹脂塗料と水系エマルション樹脂塗料の塗膜形成過程を示す。しかし，水系エマルション樹脂塗料には，光沢が少ない，冬季には凍結するなどの欠点がある。そこで，最近では，なるべく弱い溶剤を用いた弱溶剤形塗料が注目されている。表10・2にそれぞれの特徴を示す。

(d)　**特殊油性ペイント**

　　さび止めペイントは，顔料に鉛丹やジンククロメートを用いた油性ペイントである。展色剤としてはボイル油が用いられる。さび止めペイントの上には，さらに被膜の強いペイント仕上げをして，これを保護する。

　　アルミニウムペイントは，顔料としてアルミニウムの薄片を微細粉末にしたものを用い，表面に光沢の強い被膜をつくる。この面は光線および熱線を反射し，油の乾固被膜の風化を防ぐことができる。鋼板製の油タンク，暖房器具類および航空機の塗装，その他，耐熱用・防水用・さび止め用に広く用いられる。

　　エナメルペイントは，展色剤として油ワニスを用いたもので，ふつうエナメルと呼ばれる。きわめて光沢があり，色調が鮮明である。

(3)　**ペイントの施工**

ペイントの施工には，図10・5のような器具が用いられる。小さな面積の塗装には刷毛やローラーが用いられ，大きな面積の塗装には塗装用スプレーユニットが用いられる。施工時には，次の点に注意する必要がある。

1)　母材面をよく乾燥させて，ゴミを取り除き，かつ多少粗面仕上げ（紙やすりがけなどして）にして付着をよくする。

2)　一度に厚く塗ると，乾固の際に被膜に縮みじわまたは泡が生じやすいので，何回かに分けて薄く塗る。

3)　前層が完全に乾固してから次の塗装をする。

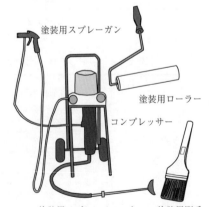

塗装用スプレーガン

塗装用ローラー

コンプレッサー

塗装用スプレーユニット　　　塗装用刷毛

図10・5　塗装に用いる器具

4)　過剰な溶剤および乾燥剤を用いると膜がもろくなり，かつ光沢が減り，ひび割れを生ずることがあるから適量を用いる。

10・1・3　ワ ニ ス

ワニスは，樹脂を揮発性溶剤または乾性油で溶かしたものであり，揮発性溶剤で溶かしたものを**揮発性ワニス**（精ワニス），揮発性溶剤と乾性油で溶かしたものを**油ワニス**という。ワニスで塗られた表面は，揮発性溶剤または乾性油が発散し，硬化することにより，透明で光沢のある塗膜となる。透明であることから木材などの表面に塗布される。

揮発性溶剤には，テレピン・トルオール・ベンゼンおよびアルコールなどが用いられる。テレピン油とは，松やにを水蒸気蒸留したものである。乾性油および乾燥剤には，ペイントと同じものが用いられる。ワニスに用いられる樹脂類には図10・6のようなものがある。

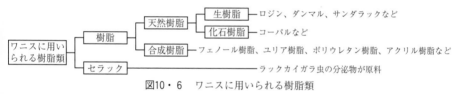

図10・6　ワニスに用いられる樹脂類

(1)　揮発性ワニス

(a)　合成樹脂性ワニス

アスファルト・ピッチ類を溶かした**黒ワニス**と呼ばれるものと，硝化綿（ニトロセルロース）・セルロイドなどを溶かした**ラッカー**と呼ばれるものがある。ポリエステル・メラミン・塩化ビニルなどの合成樹脂を用いたものがつくられるようになった。これらは天然樹脂性ワニスに比べて耐久性・耐水性などに優れている。

(b)　セラックワニス

セラックワニスは，インド，タイに生息するラックカイガラ虫の分泌物から不純物を取り除いたセラックをアルコールに溶かしてかき混ぜたものである。建築または車両内部，家具類の仕上げに用いられるほか，木材の節止め・やに止めなどにも用いられる。

(2)　油ワニス

　油溶性樹脂を乾性油で加熱溶解し，揮発性溶剤で希釈したものである。淡黄色の透明な乾固被膜を形成し，光沢および弾力があり，耐久性・耐水性に優れる。室内だけでなく外部塗装にも用いられる。

10・1・4　ステイン

　ステインは着色剤とも呼ばれ，主に木質系下地に用いられるが，素地に含浸する塗料であり，塗膜はほとんど形成されない。したがって，塗膜のはがれは見られず，自然な形で同化，美観低下が進行していく。しかし，耐候性には乏しい。ステインは，染料系ステインと顔料系ステインに大別される。

(1)　染料系ステイン

　最も一般的な着色剤で，溶解性の染料を溶剤に溶かしたものである。素地によく浸透し，色が鮮明で，木肌の着色に適している。一方，紫外線によって退色，変色しやすい欠点がある。溶剤の種類によって，以下に分類される。

(a)　**染料系水性ステイン**　　最も古くから使われているステインで，溶剤に水を使うため，安価，安全，作業がしやすいという長所がある。反面，素地が膨潤して肌あれが起こりやすく，乾燥が遅いという欠点がある。

(b)　**染料系アルコールステイン（酒精ステイン）**　　アルコール系溶剤を用いる。着色ムラが生じやすい。木材への浸透がよく発色が鮮明なので，硬い木材への着色に有効であり，また乾燥も早い。

(c)　**染料系油性ステイン（オイルステイン）**　　塗料用シンナーなどを溶剤にする。油性系のため，作業性がよく，毛羽立ちを生じにくく，素地への浸透がよいため深みのある着色ができる。反面，染料系ステインの中で耐候性が最も悪く，乾燥が遅い。

(2)　顔料系ステイン

　顔料系ステインは，顔料が溶剤や樹脂に溶けないで粒子の形で分散している。

図10・7　近年の塗装には絵画的技術も求められる。

染料系よりも耐候性に優れ，木材中にあまり浸透しないので着色ムラができにくい。反面，染料系に比べて色調が不鮮明であり，また容器の中で沈殿しやすい。

溶剤の種類によって，以下に分類される。

(a) **顔料系水性ステイン**　微粒子顔料を水に分散させてつくる。安価，安全，着色ムラができにくい，色がにじまないなどの長所がある。反面，濃く着色すると不透明になりやすい，毛羽立ちを生じやすい，乾燥に長い時間を要するなどの短所がある。

(b) **顔料系アルコールステイン**　微粒子顔料をアルコール系溶剤に分散させてつくる。建築の現場塗装での素地着色に最適である。着色ムラができにくい，乾燥が早い，耐候性に優れているなどの長所がある。

(c) **顔料系油性ステイン（オイルステイン）**　微粒子顔料を石油系溶剤に分散させ，さらに合成樹脂やボイル油を加えたものである。ケヤキのような環孔材の道管を着色し，木目を明確に表現する着色に適している。染料系のオイルステインよりも耐候性に優れている。

10・1・5　漆

漆（うるし）は，漆の木から採取した樹液を精製してつくる日本古来の自然塗料であり，世界的に**ウルシオール**とも呼ばれている。塗料・保護剤として優れた性質をもっており，合成樹脂塗料が普及するまでは，美術品から家具，建築にいたるまで広く用いられてきた。江戸時代の漆職人を**塗師**（ぬし）という。**蒔絵**（まきえ）などの技法がある。

(1) **生　　漆**

漆の木の皮に傷をつけてその分泌液を採取したものである。一本の木から採取できる漆の量は少量で，約200 g である。国内の漆液の産地は減少しており，多くは岩手県北部で生産している。国内産はいずれも高品質である。現在使われている漆の95％以上は，中国を中心とする外国産であるが，輸入量も年々減少の傾向にある。

図10・8　漆と貝がらなどを用いた蒔絵

(2) 精製漆

精製漆は，生漆を麻布でこして樹皮その他の混入物を除き，常温でよくかき混ぜて均質・ち密にした後，低い温度で適当に水分を除いたものである。これらの処理を黒めるという。精製漆は，生漆に比べて粘りが強く，ち密で乾固に時間がかかるが，その被膜は強く，光沢が多い。精製漆には黒漆と透漆とがある。

黒漆とは，生漆を七分どおり黒めあげてから，これにとくそ（刃物の濃いとぎ液）または鉄しょうその他の鉄化合物を混ぜ合わせて仕上げたものである。

透漆とは，上等の生漆を原料とし，これに雄黄または藤黄を混ぜて加熱したもので，透明かつ光沢が多い。これを透明のまま用いることは少なく，多くはいろいろな顔料を加え，鮮明な色調のものとして用いる。

(3) 漆の特徴

漆塗膜の硬化過程は特殊であり，漆液中のラッカーゼという酸化酵素の働きを受けて酸化重合反応を起こし乾燥硬化する。乾固作用には25 ～ 30℃の温度と，70％以上の高い湿度が必要となる。金属面の塗装には，120～130℃あるいはそれ以上の高温容器内で行われることがあり，これを焼付けという。

硬化した漆は，非常に堅牢で美しい塗膜をつくり，耐酸性・耐久性・耐水性に優れ，かつ絶縁性を有する。また，年を経るほど，使い込むほどに木肌になじみ，艶を増していく。しかし，日光の直射によって分解されやすく，また耐アルカリ性に劣る。

10・1・6 柿　　渋

柿渋（かきしぶ）は，渋柿を搾った汁を発酵させたもので，タンニンが主成分である。タンニン含有量が最も多い，渋柿がまだ青い夏のうちに収穫し，搾った汁をろ過して発酵させた後，殺菌，オリ引きをして貯蔵・熟成し，タンニンの成分を安定させる。貯蔵年数が１年のものを新渋，２年以上のものを古渋という。建築用途には古渋を用いる。半透明の美しい色を呈し，防腐性・防水性に優れる。

10・2 仕 上 塗 材

10・2・1 仕上塗材の分類

コンクリート，モルタル，ALCなどの表面を吹付け，ローラー塗り・はけ塗りなどにより仕上げる材料を仕上塗材（しあげぬりざい）という。仕上塗材には，

表面の材質，主材，骨材，仕上がりパターン（図10・9），性能などにより多様な種類があるが，JIS A 6909では薄付け仕上塗材，厚付け仕上塗材，軽量骨材仕上塗材，複層仕上塗材および可とう形改修用仕上塗材の5種類に区分している。

　仕上塗材は美観の向上の他にも，透気・透湿に対する抵抗性が大きなものもあり，これを鉄筋コンクリート建物の仕上げに用いた場合は，コンクリートの中性化の抑制，鉄筋の防錆に効果があることから，建物の耐久性向上に有効な材料といえる。コンクリート，モルタル，ALCなどを下地とする場合には，仕上塗材を塗る前に下地調整塗材（JIS A 6916）を用いて，下地を調整する必要がある。

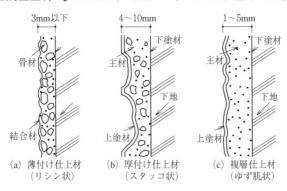

図10・9　仕上塗材の表面パターンの例（断面図）

10・2・2　薄付け仕上塗材

　薄付け仕上塗材は，結合材にセメント・合成樹脂エマルションなどを用い，骨材・無機質粉体・顔料などを混合して，塗厚1～3mm程度に単層で仕上げるように調製した仕上塗材である（図10・10）。一般にリシンと呼ばれている。透湿性が高く，防水性に劣る。仕上げのテクスチャーには，砂壁状・凹凸状などがある。

図10・10　薄付け仕上塗料（砂壁状）

10・2・3　厚付け仕上塗材

　厚付け仕上塗材は，原料は薄付け仕上塗材とほぼ同様であるが，塗厚を4～10mm程度とし，単層であるが立体感のある仕上がりパターンを表現することができるように調製された仕上塗材である（図10・11）。一般に，**スタッコ**と呼ばれている。塗膜形成は，厚付けだけの単層のほかに化粧効果や防水性・耐汚染性を向上させるために仕上材を上塗りする場合もある。テクスチャーには，凹凸状と押さえ状などがある。

図10・11　厚付け仕上塗料（押さえ状）

10・2・4　軽量骨材仕上塗材

　軽量骨材仕上塗材は，内壁や天井の仕上げに用いられ，有機質または無機質の顔料，軽量骨材，接着材料を主原料としており，色，テクスチャー等に種類が多い。

10・2・5　複層仕上塗材

　複層仕上塗材は，下塗材・主材・上塗材の3層からなる塗厚1～5mm程度の仕上塗材である（図10・12）。コンクリートなどの基材への付着性向上，水引き調整を図るための下塗材を吹き付けた後，塗膜に凹凸，模様を付けるための主材を吹き付け，その表面に色調を与え，防水性・耐候性などの向上を図るための上塗材を施して仕上げる。一般に，**吹付けタイル**と呼ばれている。

図10・12　複層仕上塗材（ゆず肌状）

複層に塗膜が構成されているため美装性が高く，多様な仕上がりパターンが可能である。テクスチャーには，凹凸状・ゆず肌状・クレーター状などがある。複層

仕上塗材の中には，アクリルゴム・ウレタンゴムなどを結合材に用い，伸び性能の優れた防水形の仕上塗材があり，外壁に用いた場合，美装性と合わせて防水性にも優れた仕上げが期待できる。

10・2・6　可とう形改修用仕上塗材

　可とう形改修用仕上塗材は主に外壁改修に用いられ，他の仕上げ塗材に比べて伸び能力があり下地の変形に追従したり下地のひび割れへの雨水侵入等を防ぐ効果がある。

第11章
防水材料
Water Proofing Materials

シーリングガン

今日では代表的な防水材料となっているアスファルトは，B.C.3000年頃，接着剤または塗布材として用いられていた。防水・舗装用として用いられるようになったのは19世紀初期からである。我が国では，秋田県産の天然アスファルトが屋根に使用された記録がある。

11・1　建築物の防水工法

建築物の陸屋根，ベランダなどの防水工法には，図11・1のようにアスファルト防水，シート防水，塗膜防水などがある。

アスファルト防水は，アスファルトフェルト，アスファルトルーフィングなどのシートを，溶融したアスファルトで数層張り重ねて防水層をつくっていく工法である（図11・2）。メンブレン防水ともいい，最も歴史が古く信頼性も高い。最近は，作業環境改善のため，改質アスファルトルーフィングをトーチバーナーで炙り張り付ける**トーチ工法**，粘着層により張り付ける**常温粘着工法**，ビス等を用いて張り付ける**機械**

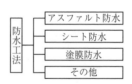

図11・1　防水工法の種類

図11・2　アスファルト防水工事

図11・3　シート防水工事

図11・4　塗膜防水工事

固定工法などの改質アスファルトシート防水がある。

　シート防水は，シート状にした高分子材料などを接着剤や専用ビス等で張り付けていく工法である（図11・3）。高分子材料には塩化ビニル樹脂系，加硫ゴム系，熱可塑性エラストマー系などが用いられる。防水層が均一であり施工性も容易であるが，ジョイントの接合を入念に行う必要がある。

　塗膜防水は，塗料状の防水材料を塗布して被膜を形成させ防水層とする工法である（図11・4）。ウレタンゴム系，アクリルゴム系，アスファルト系，クロロプレンゴム系，繊維強化プラスチック（FRP）などの材料が使われる。水密性に優れるが，防水層の厚さ，性質の均一性などが他の工法に比べて劣る。

11・2　アスファルト

11・2・1　種　類・性　質

　アスファルトは，図11・5のように分類できる。

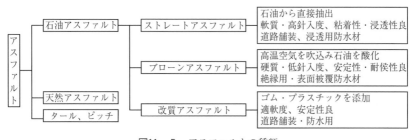
図11・5　アスファルトの種類

（1）　天然アスファルト

地殻のくぼみに湧き出す半液状のもの，あるいはそれが固まったレーキアス

ファルト，砂岩・石灰岩の組織や割れ目に浸み込んだロックアスファルトなどがある。アスファルト含有量のきわめて多いものや，砂や粘土分が多くてアスファルト分の少ないものなど品質は一定しないが，いずれも加熱・精製によって，水分・ガスなどを除去して優良品とする。

（2）**石油アスファルト**

　原油を分留する際にできるもので，その処理法によって，ストレートアスファルト，ブローンアスファルト，改質アスファルトなどに区分される。今日の建築・土木その他の工業原料には，主として石油アスファルトが用いられている。

　ストレートアスファルトは，石油に含まれているアスファルト成分をできるだけ分解・変化させずに取り出したものである。比較的軟質（低軟化点，高針入度）であり，粘着性・伸び・浸透性に富むことから，道路舗装に用いたり，アスファルトルーフィングフェルトの浸透用として利用される。

　ブローンアスファルトは，蒸留塔の底部から高温の空気を吹き込み，酸化重合などの化学反応を進めたものである。比較的硬質（高軟化点，低針入度）であり，粘着性・伸び・浸透性は小さいが，温度による変化が少ないので，安定で耐候性に優れる。アスファルトルーフィングフェルトの表面被覆用・防水用・電気絶縁用として利用される。

　改質アスファルトは，アスファルトにゴムやプラスチックなどの高分子材料を添加し，アスファルトの低温特性および高温特性を改善したものである。道路舗装用・防水用に利用される。

　アスファルトに似ているものにタールおよびピッチがある。タールは木材また

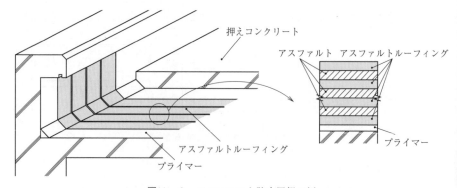

図11・6　アスファルト防水屋根の例

は石灰乾留の際の副産物であり，ピッチは石油・石炭工業で油分をとった後の残留物である。いずれもアスファルトに比べて粘性・延性・光沢が少ない。

11・2・2 用 途

アスファルトは，常温では固形状であるが，加温することにより液状となる性質がある。このため，アスファルト防水工事ではアスファルトを260℃程度に加熱して使用している。また，耐酸性・耐アルカリ性・耐久性・防水性・接着性・電気絶縁性に優れている。性質は，原油の産地・品質・処理法・精製法などによって異なるが，規格（JIS K 2207）では道路・防水工事に用いられるアスファルトについて表11・1のように定めている。

表11・1 石油アスファルト

区 分	種類（針入度による）	針入度(25℃)	軟 化 点（℃）	伸度（cm）
ストレートアスファルト	0～ 10，10～ 20 20～ 40，40～ 60 60～ 80，80～100 100～120，120～150 150～200，200～300 （10種類）	左記の数値をもち，180℃に加熱しても著しく泡だたないこと	0～ 20は55以上 20～ 40は50～65 40～ 60は47～55 60～ 80は44～52 80～100は42～50 100～120は40～50 120～150は38～48 150～300は30～45	25℃において ・10～20は 5以上 ・20～40は 50以上
ブローンアスファルト	0～ 5 5～10 10～20 20～30 30～40 （5種類）	同 上	130 以上 110 以上 90 以上 80 以上 65 以上	25℃において 0以上 0以上 1以上 2以上 3以上
防水工事用アスファルト	1種 25～45 2種 20～40 3種 20～40 4種 30～50 （4種類）	同 上	85 以上 90 以上 100 以上 95 以上	—

（JIS K 2207による）

11・2・3 製　　品

（1）**アスファルトルーフィングフェルト**

　図11・7に示すようにアスファルトを
有機天然繊維を主体とした原紙または
合成繊維の布などに浸透させ（**アスファ
ルトフェルト**という），さらにその表裏
両面にアスファルトを被覆して鉱物質
粉末を付着させたものを**アスファルト
ルーフィング**といい，また砂粒子など
を付着させたものを**砂付ルーフィング**
といい，これらを**アスファルトルーフィ
ングフェルト**（JIS A 6005）と呼び，主
に建造物の防水工事，屋根ふき下地に
用いる。

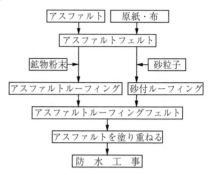

図11・7　アスファルトルーフィングフェル
トの構成

表11・2　アスファルトルーフィングフェルト

	アスファルト フェルト		アスファルト ルーフィング		砂付 ルーフィング
製品の単位 面積質量の呼び	430	650	940	1500	3500
製品の単位面積 質量（g/m²）	430以上	650以上	940以上	1500以上	3500以上

（JIS A 6005より）

　図11・8のように，アスファルト防水工事は，加熱溶融した防水工事用アス
ファルトを塗布しながら，これらアスファルトルーフィングフェルトを張り重ね
るものである。木造モルタル塗壁下地の防水または防腐用には，主にアスファル
トフェルト430が，また，屋根ふき下地用には，主にアスファルトルーフィング
940が用いられる。また，現在では，合成繊維の不織布を原反とし，伸び能力の
よい**ストレッチアスファルトルーフィングフェルト**（JIS A 6022）がよく用いら
れている。

図11・8 アスファルトルーフィング
フェルト

図11・9 アスファルト防水層

11・3 シ ー ル 材

　シール材とは，建築構成部材の取付け部分，接合目地部分，窓枠取付け周辺，ガラスはめ込み部などの，有害なすき間またはひび割れを気密・水密に封かんする目的で用いる材料の総称である。

　シール材には，**ガラスパテ**，**シーリング材**，ガスケットなどがある。

11・3・1 ガ ラ ス パ テ

　主として金属製建具にガラスを取り付ける場合に用いられる。油脂または樹脂と炭酸カルシウム・鉛白・チタン白などの充てん材とを混ぜ合わせてつくられるが，性質によって硬化性パテと非硬化性パテとに分けられる。硬化性パテは，使用後数週間で被膜ができ，以後しだいに全体にわたって硬化するものであるが，硬化後ひび割れが生じやすい。非硬化性パテは，相当期間のり状の軟らかさを保つが，反面，たれ落ちしやすい欠点がある。

11・3・2 シーリング材 （JIS A 5758）

　シーリング材は，その成分の大半が合成樹脂であり，図11・10のように分類される。また，シーリング材の特徴を表11・3に示す。用途は，大きな動きが予想される目地に用いられる。

　シーリング材に要求される性能は，不浸透性（水密性・気密性），目地の動きに対する追従性・復元性，耐久性（紫外線・温度・水分）などである。シーリング材は，使用前には流動性を有しているが，使用後は時間の経過とともに硬化し，

弾性ゴム状になる。その硬化機構は，**1成分系**と**2成分系**とで異なる。1成分系には，次のようなものがある。

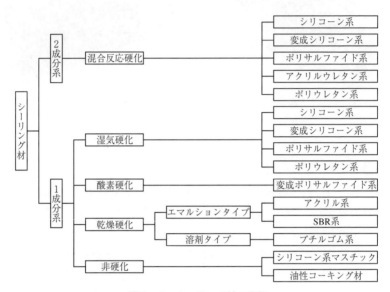

図11・10　シーリング材の分類

表11・3　シーリング材の特徴

シーリング材の種類		復元性	充てん後の収縮	耐久性		接着性		
				耐疲労性	耐候性	コンクリート	金属	ガラス
2成分系	シリコーン系	◎	○	◎	◎	○	○	◎
	変成シリコーン系	◎~○	○	◎~○	◎~○	○	○	×
	ポリサルファイド系	○	○	◎	◎~○	○	○	△
	アクリルウレタン系	◎~○	○	◎~○	◎~○	○	○	×
	ポリウレタン系	○	○	◎~○	◎~○	○	○	×
1成分系	シリコーン系	◎	○	◎	◎	○	○	◎
	変成シリコーン系	◎~○	○	◎~○	◎~○	○	○	×
	ポリサルファイド系	○	○	◎	◎~○	○	○	△
	ポリウレタン系	○	○	○	○	○	○	×
	アクリル系・SBR系	△	×	△	○~△	○	○	×
	ブチルゴム系	△	×	△	○~△	○	○	—
	油性コーキング材	×	×	×	△	△	○	—

◎：優れている，○：良い，△：普通，×：優れていない，—：使用不可

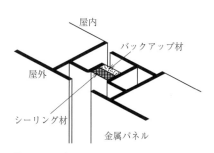

図11・11　金属パネル目地の例
　　　　（日本建築学会「建築材料用教材」より）

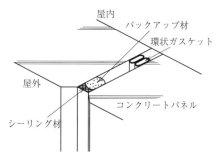

図11・12　コンクリートパネル目地の例
　　　　（日本建築学会「建築材料用教材」より）

湿気硬化型	空気中の水分と反応して表面から硬化する。
酸素硬化型	空気中の酸素と反応して表面から硬化する。
乾燥硬化型	含有水分が蒸発して表面から硬化する。

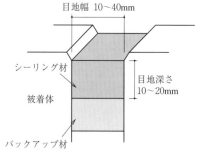

図11・13　目地の取り方

　2成分系は基剤と硬化剤を混合することで，化学反応で全体的に硬化する。

　シーリング材の1種に，**油性コーキング材**があるが，これは天然の樹脂・合成樹脂と炭酸カルシウムなどの鉱物質充てん剤を混合して製造したもので，粘着性を保ち，コンクリート・金属・木材などへの接着性はきわめてよい。シーリング材の使用例を図11・11，11・12に示す。

　一般に，シーリング材の充てん深さを正確なものとし，また2面接着を確保す

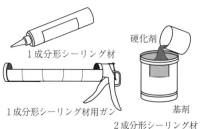

図11・14　シーリング材およびシーリング材
　　　　用ガン

る目的により，あらかじめ**バックアップ材**を詰めておくことが多い。標準的な目地の寸法は，図11・13のようになる。

　1成分系シーリング材を目地に充てんするには，図11・14のようなシーリング材用ガンを使用する。なお，シーリング材用ガンなどを用いてシーリング材をす

き間等に施工する行為をシーリングというが，コーキングも同じ意味で使用される。

11・3・3　ガ ス ケ ッ ト

　定形のシーリング材料で，合成ゴムを主材とした弾性に富んだものを**ガスケット**（JIS A 5756）と呼ぶ。ガスケットはすき間に押し込まれると，その復元力によって気密性・水密性の高い層を形成することができる。シーリング材およびガスケットの使用例を図11・12に示す。

第12章
接 着 剤
Binder

エポキシ樹脂系接着剤

12・1 接着剤の種類・特徴

　接着剤は，紙・布・木材・皮革・金属・ガラス・コンクリートなどあらゆる建築材料を接着するために用いられる。接着剤はその種類が多く，性質も異なるため，用途によって適するものを選ぶことが大切である。特に外気や室内の湿気に接するところ，または構造耐力を必要とするところでは，接着力が大きく，化学的に強く，かつ優れた耐水性・耐候性を必要とする。また，近年ではシックハウス症候群の原因となるものもあるため，その使用には注意が必要である。

　建築分野における接着剤の利用は，近年急速に増加している。その理由として，湿式工法から乾式工法への移行，建物の高層・軽量化などの背景があり，釘，溶接に替わる接合方法として用途が拡大している。

12・1・1 天然系接着剤

(1) 動物質接着剤

　獣の皮・筋肉または骨を原料とする**獣にかわ**，牛乳を原料とする**カゼインにかわ**などがある。最近では，いずれも使用されることが少ない。

(2) 植物質接着剤

(a) 大豆にかわ

　　脱脂大豆を微粉にした粉末であり，接着力は大豆のたんぱく質のリグニンによるものである。安価で比較的耐水性に優れており，常温で使用できることから，軟材の接着または合板用として多く用いられる。しかし，粘性が小さい，色調が悪い，汚染が生じやすいなどの短所があるため硬木の接着には適しない。

(b) のり類

　でんぷん質のりは，原料として米・小麦などを粉末にしたでんぷんを用い
る。でんぷん質のりには，表12・1のような種類がある。

　海そう類は，本のりおよび角又を鉄なべで沸騰しない程度に煮出し，その
煮汁を水で適当にうすめてしっくいや土砂壁塗用に用いられる。

表12・1　でんぷん質のりの種類

種　類	製法・特徴
姫 の り	10時間以上水に浸した白米を水びきにし，その液を低温で煮つめてつくる。
そ く い	飯粒または餅をへらで押しつぶして練ったもので，内部造作・建具・家具または板類の取合せ部に用いられる。
寒梅のり	餅を蒸したものまたは餅を乾燥して粉末にしたものであり，使用の際には水を加えて練り合わせる。樹脂の多い木材には不適で，家具・建具などに用いられる。
生ふのり	小麦中のでんぷんからつくられる。使用の際には水を加えて加熱し，必要に応じて防腐剤としてホルマリン，耐水剤として生しぶなどを添加する。なお，生ふのりを製造後，特別の方法で1～3か年間貯えたものを占のりという。

12・1・2　合 成 接 着 剤

(1)　ゴム系接着剤

　陶器・木材・金属・ガラス・皮革・紙・布などの接着に用いられる。代表的な
ものに**クロロプレンゴム系接着剤**がある。クロロプレンの重合体であり，布以外
の金属・ゴム・木材・プラスチックなどの接着に用いられる。接着する両面に
塗っておき，表面が乾き始めるときに張り合わせると，すぐに接着力を発揮す
る。初期接着力が大きく，耐水性・耐酸性・耐アルカリ性も優れている。

　その他，**天然ゴム系接着剤**，**ニトリルゴム系接着剤**，シーリング材として用い
られる**多硫化ゴム系接着剤**などがある。

(2)　合成樹脂系接着剤

　合成樹脂系接着剤は接着力に富み，かつ安定性・耐薬品性・耐熱性および耐水
性などに優れたものが多い。木材・金属・セメント製品などの構造的接着にも用
いられる。種類には次のようなものがある。

(a)　**酢酸ビニル樹脂系接着剤**

　溶剤形とエマルション形とがある。溶剤形は酢酸ビニル樹脂を主成分と
し，アルコールなどで溶かしたものである。乾いて固化した後にのこぎりや

かんなを用いての加工ができるので木工事に広く用いられる（木工ボンド）。初期接着力が比較的強いので，金属・ガラス・布などの接着剤としても用いられる。反面，他の樹脂系接着剤に比べ耐熱性・耐水性が劣るため，屋外使用には適さない。

　エマルション形は，酢酸ビニル樹脂のエマルションを主体とした水性接着剤で，用途は溶剤形とほぼ同じである。接着剤の展性がよく，広い面を接着する場合でも均質に接着剤の塗布ができる。しかし，一般に初期の接着力が弱いため，天井・壁などにボード類を接着する場合は，十分な接着力が発揮されるまで仮止めしておく必要がある。

(b)　**エポキシ樹脂系接着剤**

　エポキシ樹脂を主体とした主剤（基剤）とポリアミン・ポリアミドの硬化剤よりなる**2液形接着剤**である。2液を混合すると，化学反応により硬化する。金属・ガラス・コンクリートなどの接着に用いられる。耐水性・耐熱性・耐久性に優れ，湿気や水が作用する箇所の接着も可能である。このため，コンクリートのひび割れ箇所の補修，新旧コンクリートの打ち継ぎなどにも使用される。

(c)　**アクリル樹脂系接着剤**

　アクリル樹脂に他の樹脂を配合した接着剤である。接着力が強く，可塑性が大きいので，皮革・繊維・ゴムなどの接着に適している。

(d)　**シアノアクリレート系接着剤**

　シアノアクリレートを主成分とする接着剤であり，被着体の表面の水を触媒として，常温で瞬間的に硬化反応を起こし，被着体を強固に接着する。**瞬間接着剤**とも呼ばれている。プラスチック・ゴム・金属などの接着に適する。反面，木材・紙などには吸収されてしまうため，それらの接着には適さない。

(e)　**ウレタン樹脂系接着剤**

　ウレタン樹脂を主成分としたもの。ポリイソシアネートとポリオールの付加反応（ウレタン化反応）を利用して接着する。下地や空気中の湿気と反応して硬化し，接着強度がでる一液湿気硬化型もある。硬化皮膜は，エポキシ系の接着剤に比べて軟らかい。プラスチック，金属，木材，無機材料など広範囲に使用できる。

(f)　**その他**

　フェノール樹脂をアルコール・アセトンに溶かした耐水合板の接着などに

用いられる**フェノール樹脂系接着剤**，木材・布・紙などの接着に用いられる**ユリア（尿素）樹脂系接着剤**，メラミン，ホルマリンなどからつくられる**メラミン樹脂系接着剤**，溶剤を用いない接着剤で，プラスチックス・木材・金属・セメント製品などの接着に用いる**ポリエステル樹脂系接着剤**，加熱することで硬化する熱硬化性樹脂の接着剤などがある。

これらの樹脂系接着剤は常温で接着できるもの，加熱しなければならないもの，適当に加圧しなければならないものなどがあり注意が必要である。

12・2　VOC とシックハウス症候群

12・2・1　シックハウス症候群

シックハウス症候群とは，家に入ると体調が悪くなり，家から出ると改善するという，さまざまな原因で起きる住環境由来の症状のことである。家に入ると目が沁みる，気分が悪くなるといった軽度なものから，アトピー性皮膚炎，喘息の悪化などアレルギー疾患，さらには微量な化学物質にまで反応する化学物質過敏症などがある。シックハウス症候群の原因としては，住宅に用いられる建材などから空気中に放散される**揮発性有機化合物（VOC）**や埃，花粉，ダニ，カビなどがある。

12・2・2　シックハウス症候群が増加した背景

シックハウス症候群が増加した背景としては，以下のものがあげられる。

1) 新しい住宅建材には，揮発性有機化合物（VOC）の使用が増えている。
2) 住宅の高気密化，高断熱化が進み，従来に比べて換気が不十分。
3) 住宅内に生活物資があふれ，収納する家具などで換気が妨げられている。
4) 食生活，生活習慣の変化に伴い，アレルギー症の人が増えている。

12・2・3　揮発性有機化合物（VOC：Volatile Organic Compound）

揮発性有機化合物（VOC）とは，住宅に用いられる建材，内装材，家具などから空気中に放散される揮発性のある物質のことである。特に，接着剤や塗料に含まれていることが多い。厚生労働省では，表12・2に示すVOCを取り上げ，その室内濃度指針値を定めている（2002年1月現在）。その中でも，木質系建材などの接着剤に含まれる**ホルムアルデヒド**が代表的であり，また問題となっている。

表12・2 VOC の種類と特徴

揮発性有機化合物	人体への影響	室内濃度指針値*	建築分野での使用
ホルムアルデヒド	目や気道に刺激を生じる。非常に高濃度になると呼吸困難を起こすことがある。	$100\mu g/m^3$ (0.08ppm)	フェノール系・尿素系・メラニン系合成樹脂の原料や，合板，パーティクルボード，壁紙等の接着剤，または防腐剤として用いられる。内装仕上げに使用するホルムアルデヒドを発散する建材には，表12・3に示すような建築基準法による制限がある。
トルエン	目や気道に刺激を生じ，高濃度になると自律神経異常，肩こり，冷え性，頭痛，めまい，吐き気等を起こす。	$260\mu g/m^3$ (0.07ppm)	接着剤や塗料の溶剤および希釈剤に用いられる。内装材施工用接着剤，塗料等から放散。建材だけでなく家具類にも用いられる。
キシレン	トルエンと同じ。	$870\mu g/m^3$ (0.20ppm)	接着剤や塗料の溶剤および希釈剤等として，通常は他の溶剤と混合して用いられる。内装材等の施工用接着剤，塗料から放散。家具からも同様。
パラジクロロベンゼン	目，皮膚，気道に刺激を生じ，高濃度になると肝臓，腎臓に影響を与える。	$240\mu g/m^3$ (0.04ppm)	衣類の防虫剤やトイレの芳香剤として使用される。
エチルベンゼン	目，のどに刺激を生じ，高濃度になるとめまい，意識低下が生じる。	$3800\mu g/m^3$ (0.88ppm)	合板や内装材等の接着剤，塗料等。建材だけでなく家具類も同様。
スチレン	目，鼻に刺激を生じ，高濃度になると眠気や脱力感が生じる。	$220\mu g/m^3$ (0.05ppm)	ポリスチレン樹脂，合成ゴム，ポリエステル樹脂，ABS樹脂，イオン交換樹脂，合成樹脂塗料等に含まれる高分子化合物の原料として用いられる。
フタル酸ジ-n-ブチル	高濃度になると目，皮膚，気道に刺激が生じる。	$220\mu g/m^3$ (0.02ppm)	塗料，顔料や接着剤に，加工性や可塑化効率の向上のために使用される。
クロルピリホス	アセチルコリンエステラーゼを阻害する。急性中毒では重傷の場合，縮瞳，意識混濁，けいれん等を起こす。	$1\mu g/m^3$ (0.07ppb) 小児の場合 $0.1\mu g/m^3$ (0.007ppb)	防蟻剤として使用される。なお，建築基準法では，居室を有する建築物にはクロルピリホスを添加した建材の使用が禁止されている。
フタル酸ジエチルヘキシル	高濃度になると目，皮膚，気道に刺激が生じる。	$120\mu g/m^3$ (7.6ppb)	代表的な可塑剤として，壁紙，床材，各種フィルム，電線被覆等，様々に汎用されている。
テトラデカン	高濃度では刺激性で麻酔作用がある。	$330\mu g/m^3$ (0.04ppm)	灯油は主要発生源。塗料等の溶剤に使用される。
ダイアジノン	アセチルコリンエステラーゼを阻害する。急性中毒では重傷の場合，縮瞳，意識混濁，けいれん等を起こす。	$0.29\mu g/m^3$ (0.02ppb)	殺虫剤の有効成分として用いられる。
アセトアルデヒド	目，気道に刺激が生じる。高濃度では，麻酔作用，意識混濁等を起こす。初期症状は，慢性アルコール中毒に類似。	$48\mu g/m^3$ (0.03ppm)	ホルムアルデヒド同様，一部の接着剤や防腐剤に使用される。
フェノカルプ	高濃度では，倦怠感，頭痛，めまい等を起こし，重傷の場合は，縮瞳，意識混濁等を起こす	$33\mu g/m^3$ (3.8ppb)	防蟻剤として使用される。

*厚生労働省による室内濃度基準値（2002年1月現在）

　一方，建築基準法では合板，フローリング，構造用パネル，集成材，単板積層材，MDF，パーティクルボード，ユリア樹脂板，壁紙，接着剤，保温材，緩衝材，断熱材，塗料，仕上塗材などのうち，ホルムアルデヒドの発散量が一定以上のものを**ホルムアルデヒド発散建築材料**と定め，表12・3の区分に従って内装の仕上げの制限を設けている。さらに，JISやJASのような材料規格においても対策が講じられており，ホルムアルデヒドの放散量に応じた等級を定めている。

表12・3　ホルムアルデヒドに関する建築基準法上の規制

ホルムアルデヒドの放散	告示で定める建築材料		内装の仕上げの制限
	名称	JIS, JAS等の表示記号	
0.12mg/m²h超	第1種ホルムアルデヒド発散建築材料	旧E_2, F_{C2}又は表示なし	使用禁止
0.02mg/m²h超0.12mg/m²h以下	第2種ホルムアルデヒド発散建築材料	F☆☆	換気回数に応じて使用面積が制限される
0.005mg/m²h超0.02mg/m²h以下	第3種ホルムアルデヒド発散建築材料	F☆☆☆	
0.005mg/m²h以下	（規制対象外）	F☆☆☆☆	制限なし

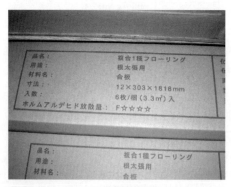

図12・1　フローリング材に記されたホルムアルデヒド放散量の等級

第13章
防耐火・断熱・音響材料
Fire Retardant and Fire Proofing・
Heat Insulating・Acoustic Materials

耐火試験炉

13・1　防 耐 火 材 料

　火災に際して燃えない材料，あるいは燃えにくい特性をもっている材料を一般に**防火材料**と呼ぶ。防火材料には，**不燃材料・準不燃材料・難燃材料**がある。不燃材料のうち，耐熱性に優れていて，火災中でも大きな耐力の低下がなく，軟化・溶融・爆裂などの現象を起こさない材料を**耐火材料**と呼ぶ。防火の目的は，人命の安全と財産の保護にあり，防耐火材料の役割は非常に大きい。

13・1・1　建 築 物 の 火 災

　建築物の火災は，その段階から，初期の火災，盛期の火災，外部からの火災とに分けられる。初期の火災では，材料が発火温度に達して出火する段階であり，火災の始まりである。発火温度が高く，煙の発生量が少ない内装材料を選択し，内壁・天井の材料の難燃化や不燃化を図ることにより初期火災を防ぐことができる。盛期の火災では，火が拡大して盛んになる最も危険な段階である。この段階特有の現象に**フラッシュオーバー**がある。これは，「出火した際，燃焼が着火物の周囲に限られていたのが拡大し，発生した可燃ガスが主として天井にたまり，空気と混合されて一気に引火して，室全体に炎がまわる現象」である。フラッシュオーバーまでの時間は，避難許容時間を定める目安になっている。

　また，外部からの火災とは，接する家屋の火災が延焼することである。我が国の都市火災では，密集する低層の木造家屋が水平方向へ**延焼**することが特徴であるため，この延焼の防止が建築防火の重要な課題となっている。

　建築基準法では，「延べ面積が1000m²を超える木造建築物等は，その外壁及び軒裏で**延焼のおそれのある部分**を**防火構造**としなければならない」（法25条一部

抜粋）としている。

延焼のおそれのある部分（図13・1）とは，「隣地境界線，道路中心線又は同一敷地内の2以上の建築物（延べ面積の合計が500m²以内の建築物は，1棟の建築物とみなす）相互の外壁間の中心線から，1階にあっては3m以下，2階以上にあっては5m以下の距離にある建築物の部分をいう」（法2条6号一部抜粋）。高層建築物では，水平方向への延焼だけでなく，立体的な延焼にも留意する必要がある。なお，**防火構造**（法2条8号）とは，表13・1に示すような防火性能を満たすものをいう。

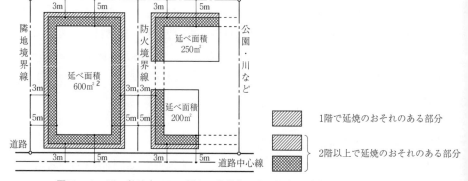

図13・1　同一敷地内に2つ以上の建築物がある場合の延焼のおそれのある部分

表13・1　防　火　性　能

部　　　位		周囲において発生する通常の火災	
		非損傷性	遮熱性
外壁	耐力壁	30分	30分
	非耐力壁	—	
軒　　　裏		—	30分

①燃焼しない。
②防火上有害な変形，溶融，亀裂その他の損傷を生じない。
③避難上有害な煙またはガスを発生しない（ただし，外装材には③は適用しない）

図13・2　防火材料の要件

13・1・2　不 燃 材 料

不燃材料とは，火災に際して燃焼せず，防火上有害な煙・ガスを発生せず，かつ有害な変形を生じない建築材料のことであり，図13・2に示す要件を，通常の火災時の加熱開始後20分間を満たすものをいう（法2条9号）。

不燃材料を表13・2に示す。原則として，無機質または金属質の材料からなっている。加熱時の各材料の性質は，材料自身の性質により大きく左右されるが，使用する時の形状や寸法・厚さ，取付け方法などによっても異なってくる。特に厚さの影響は大きい。不燃材料は記号NMで表す。

不燃材料の中でもコンクリート，れんが，瓦，モルタルのように耐火性に優れ，火災時に強度の低下が小さい材料を**耐火材料**という。他方，金属材料は不燃材料ではあるが，耐火材料ではない。例えば，鉄鋼は，通常の火災（最高温度は約

表13・2　不燃材料（平成12年建告1400号／改正 平成16年国交告1178号）

(1)	コンクリート
(2)	れんが
(3)	瓦
(4)	陶磁器質タイル
(5)	繊維強化セメント板
(6)	厚さ3mm以上のガラス繊維混入セメント板
(7)	厚さ5mm以上の繊維混入ケイ酸カルシウム板
(8)	鉄鋼
(9)	アルミニウム
(10)	金属板
(11)	ガラス
(12)	モルタル
(13)	しっくい
(14)	石
(15)	厚さ12mm以上のせっこうボード
(16)	ロックウール
(17)	グラスウール板

1100℃以上）での加熱によって燃焼するようなことはないが，溶融したり赤熱したりして強さや弾性が著しく低下し，大きな変形を生じやすくなる。一般に被覆をしていない鉄骨は火災にあうときわめて大きな被害を受ける。このため，鉄骨造は**耐火被覆材料**で被覆して，火災から保護する必要がある。耐火被覆材料の例

表13・3　耐火被覆材料

工　法		耐火被覆材料
軽量コンクリート		天然および人工軽量骨材コンクリート，気泡コンクリート
左官仕上げ	塗仕上げ	パーライトモルタル，パーライトプラスター，ひる石プラスター
	吹付仕上げ	岩綿などの吹付仕上げ
成形板の張付け		軽量コンクリート板，ALC板，せっこうボード

を表13・3に示す。

コンクリートは耐火性に優れた建築材料である。しかも遮熱効果が大きいので，鉄筋コンクリート造や鉄骨鉄筋コンクリート造で適切なかぶり厚さを確保していれば，鉄筋・鉄骨を火熱から十分に保護し，耐火構造とすることができる。

13・1・3 準不燃材料

準不燃材料とは，厚さ9mm以上のせっこうボード，厚さ15mm以上の木毛セメント板，厚さ9mm以上の硬質木片セメント板，厚さ30mm以上の木片セメント板，厚さ6mm以上のパルプセメント板など，不燃材料に準ずる防火性能をもつ建築材料のことである。図13・2に示す要件を，加熱開始後10分間を満たすものをいう（法2条9号）。準不燃材料は記号QMで表す。

無機質系または金属系の材料を主体として，これに少量の木・紙・プラスチックなどの有機質材料を混入したものが多い。不燃材料と異なる点は，通常の火災で着火したり，燃焼したりするかどうかが問題とされることはなく，内装材料としての十分な難燃性をもっていることが要求されている点である。

13・1・4 難燃材料

難燃材料とは，厚さ5.5mm以上の難燃合板，厚さ7mm以上のせっこうボードなど難燃性をもっている建築材料のことである。有機質材料を難燃処理したものが多い。図13・2に示す要件を，加熱開始後5分間を満たすものをいう（法2条9号）。難燃材料は記号RMで表す。

難燃処理法には，難燃薬剤に浸漬する，防火塗料を塗布する，無機質材料を混入するなどの方法がある。

13・2 断 熱 材 料

熱を遮断する目的で使用される材料を**断熱材料**という。断熱性は熱伝導率によって表され，熱伝導率が小さいほど断熱性に優れる。断熱材料も含めて主要建築材料の熱伝導率は表13・4のようである。断熱材には主に繊維系と発泡プラスチック系がある。

繊維系断熱材 繊維の間に空気を閉じ込めることで断熱効果を発揮する。火に強く，不燃材料でもある。

表13・4　主要建築材料の熱伝導率

材料分類	材料名	熱伝導率 λ(W/(m·K))	比熱 C(kJ/kg℃)	密度 ρ(kg/m³)	備　考
金属	鋼材	53	0.50	7830	
	アルミニウム	204	0.92	2700	
ガラス	板ガラス	0.78	0.75	2540	JIS R 3201
セメント系	ALC	0.17	1.09	500～700	JIS A 5416
	コンクリート	1.6	0.80	2300	
	モルタル	1.5	0.60	2000	
	せっこうプラスター	0.62	0.84	1950	JIS A 6904
	瓦, スレート	0.96	0.75	2000	JIS A 5208, 5402
	タイル	1.30	0.84	2400	JIS A 5209
	普通レンガ	0.62	0.84	1650	JIS A 1250
塗材	漆喰	0.70	0.88	1300	
	繊維質上塗材	0.12	—	500	JIS A 6906
畳	畳	0.11	2.30	230	JIS A 5901
	化学畳	0.065	1.30	200	
木材	木材	0.12	1.30	400	
	木材	0.16	1.30	600	
合板	合板	0.16	1.30	430～660	
せっこう・セメント・スレート板	せっこうボード	0.22	1.13	700～800	JIS A 6901
	石綿セメントけい酸カルシウム板	0.12	0.75	600～900	JIS A 5430
	石綿スレート	0.96	1.22	1500	JIS A 5430
木質繊維板	インシュレーションボード	0.045～0.070	1.30	200～400	JIS A 5905
	硬質繊維板	0.17	1.30	950以下	JIS A 5905
	パーティクルボード	0.15	1.30	400～700	JIS A 5908
	断熱木毛セメント板	0.10	1.68	400～600	JIS A 5404
	木片セメント板	0.17	1.68	1000以下	JIS A 5417
繊維系断熱材	グラスウール（ウール）	0.049	0.84		JIS A 9504, 3号
	グラスウール（ウール）	0.042	0.84		JIS A 9504, 2号
	グラスウール保温板	0.046	0.84	32	JIS A 9504, 2号32K
	グラスウール保温板	0.042	0.84	64	JIS A 9504, 2号64K
	ロックウール保温板	0.044	0.84	40～100	JIS A 9504, 1号
	吹込み用グラスウール	0.052	0.84	13～20	JIS A 9523, GW-1
	セルロースグラスウール	0.044	1.26	30	JIS A 9523,
	吹付けロックウール	0.047	0.84	200	
発泡プラスチック系断熱材	ビーズ法ポリスチレンフォーム	0.034		27以上	JIS A 9511, 特号
	ビーズ法ポリスチレンフォーム	0.043	1.01～1.51	15以上	JIS A 9511, 4号
	押出法ポリスチレンフォーム	0.028	1.01～1.51	20以上	JIS A 9511, 保温板3種
	押出法ポリスチレンフォーム	0.040	1.01～1.51	20以上	JIS A 9511, 保温板1種
	硬質ウレタンフォーム	0.024	1.01～1.51	35～45	JIS A 9511, 保温板1種, 2号
	吹付け硬質ウレタンフォーム	0.025	1.01～1.51	25以上	JIS A 9526
	高発泡ポリエチレン	0.043	1.01～1.59	40～45	(参考) JIS A 9511
	フェノールフォーム保温板	0.030		30以上	JIS A 9511, 1種2号
その他	水	0.60	4.2	998	
	空気	0.022	1.0	1.3	

（日本建築学会「建築材料用教材」より抜粋）

図13・3 断熱材の種類（上からグラスウール、フェノールフォーム保温板、押出法ポリスチレンフォーム）

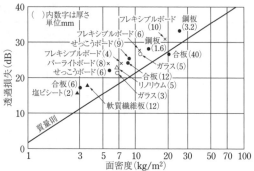

図13・4 各種材料の500Hzにおける透過損失（出典：建築学会・建築材料用教材）

発泡プラスチック系断熱材 樹脂の中に微細な独立気泡を閉じ込めることで断熱効果を発揮する。軽量で繊維系断熱材よりも断熱性に優れる。しかし，火に弱く，紫外線によって劣化しやすい。

断熱材料の断熱性（**熱伝導率**）は，次の条件によって変化する。

密　度 材料の密度 ρ が小さくなるほど，一般に熱伝導率 λ は小さくなる。

含水状態 材料の含水率の多少によって，熱伝導率は著しい影響を受ける。一般に，含水率が大きくなるほど熱伝導率は大きくなり，断熱性は低下する。

温　度 材料の熱伝導率は，温度が上昇すると増すのが普通である。ただし，断熱材料以外の材料では，例えばコンクリートなどのように，温度上昇によって熱伝導率がほとんど変化しないものもある。

13・3 音 響 材 料

音の吸収・反射・遮断など，建築的な音響処理を目的として使われる材料を**音響材料**という。音響材料の中でも、室内の音の響き具合の調整や騒音の吸収を目的として用いるものを**吸音材料**といい、外部からの音の侵入を防ぐ目的で用いるものを**遮音材料**という。

多孔質ロックウール，グラスウール，木毛セメント板，軟質繊維板，ひる石プラスターなどの軽量で軟質な材料は，高周波数の吸音性に優れる。板状材料（合板，せっこうボード，ハードボードなど）は，低周波数の吸音性に優れる。あなあき板材料（あなあき合板，あなあきせっこうボードなど）は，中域周波数の吸

音性に優れる。なお，単一の材料によって十分な吸音性が得られない場合は，多種の材料の組合せによって吸音性を向上させることが多い。

遮音材料の遮音性は次の式で計算される**透過損失**によって表される。

$$透過損失 = 10 \log_{10} \frac{入射音のエネルギー}{透過音のエネルギー} \quad (\text{dB})$$

透過損失が大きいほど遮音性に優れる。均質な材料でできた壁体の場合，壁体の単位面積当たりの質量（**面密度**という）が大きいほど透過損失が大きくなる。これを**質量則**という。したがって，面密度が高いものほど遮音材料として有利であり，反対に吸音材料として効果のある軽量な材料は不利である。しかし，中間層に軽量な吸音材料を用いた二重壁構造とするなどして，吸音作用との協力によって遮音効果を増す方法もある。同じ材料でも音の周波数によって透過損失は異なり，一般的には低い音よりも高い音を多くさえぎることができる。主な建築材料の透過損失を表13・5に示す。

表13・5　各種材料の透過損失

(単位：dB)

材料名	厚さ (mm)	面密度 (kg/m²)	周波数 (Hz)					
			125	250	500	1000	2000	4000
ラワン合板	6	3.0	11	13	16	21	25	23
せっこうボード	9	8.1	12	14	21	28	35	39
鉄板	1	8.2	17	21	25	28	34	38
フレキシブルボード	6	11.0	19	25	25	31	34	28
発泡コンクリート	100	70	29	37	38	42	51	55
ALC	100	55	34	33	34	41	50	54
コンクリートブロック[1]	100	150	33	37	42	49	56	60

注.　(1)両面プラスター15mm　　　（日本建築学会「建築材料用教材」より抜粋）

第14章
インテリア材料
Interior Materials

ドライフラワー

14・1　紙　　　類

　紙はパルプからつくられるが，パルプには木材・竹またはわらを破砕したもの
や，こうぞ・がんぴ・みつまた・麻などからつくられるじんぴ（靱皮），パルプ，
古紙・古布からつくられる再生パルプなどがある。紙には自然な素材感があり，
また調湿効果もある。障子紙・壁紙・ふすま紙などに用いられる。

14・1・1 障　子　紙

　元来，障子とは縁の内側，窓や室内
の境にたてる建具の総称であった。そ
のうちの明障子と呼ばれていたものが，
現在の障子である。障子は，陽光を適
度に透かし，室内の温湿度調整に役立
つもので，我が国の気候に適したもの
として発展してきた。**障子紙**には和紙
が用いられ，その中でも**楮**（こうぞ）
は最高級品，**マニラ麻**や**美濃紙**は高級
品である。図14・2に示すような楮の原
木を釜で蒸して皮をむき，黒皮を除去
した白皮を煮た後，角材で叩いて繊維

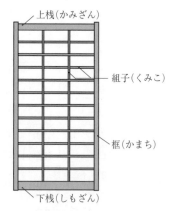

図14・1　障子の名称

（図中ラベル）
上桟（かみざん）
組子（くみこ）
框（かまち）
下桟（しもざん）

に分解し，水の中で漉いて乾燥させて和紙をつくる。
　最近では，レーヨンを配合した安価なレーヨン障子紙やプラスチックフィルム
をかぶせて強度・断熱性を大きくしたプラスチック障子紙もある。

図14・2　楮の原木

図14・3　楮からつくられた和紙

14・1・2　ふ　す　ま　紙

　ふすまは間仕切建具の一つであり，木で骨組をつくり，両面から紙を張り，縁と引手を取り付けたものである。日本住宅の開閉自在な部屋づくりをするため，また内装における装飾的な理由から用いられてきた。**ふすま紙**には，こうぞ・がんぴを原料とした鳥子紙（とりのこがみ）や前者にパルプを混入した新鳥子紙がある。また，色模様を刷り出したり，中国伝来の**唐紙**（からがみ）も用いられる。

14・1・3　紙　壁　紙

　壁紙とは，壁・天井などの化粧仕上げ材として下地の表面に張り付けられるシート状のものをいう。構成材料としては，ビニル・織物・紙などが使われる。**紙壁紙**の多くはパルプや再生パルプをベースにして，難燃紙で裏打ちし，印刷やエンボス（型押し）などの加工を施した後，ビニルやアクリルのラミネートにより防水加工されている。欧米からの輸入品も多く，国産品に比べて色・柄の種類が豊富である。

14・2　布　　　　　類

14・2・1　種　　　類

　布は，木綿・絹・人絹・羊毛などの繊維質からつくられ，製品は**フェルト・織物・編物**に大別できる。

(a)　**フェルト**　　繊維を交錯して圧縮成形したもので，繊維方向は一定していない。テーブル掛け・敷物などのほか，特に軟質に成形したものは，保温材・防音材・防湿材に用いられる。

(b)　**織　物**　　縦糸と横糸とを組み合わせたもので，織り方によって縦糸・横

表14・1 パイル織のテクスチャー

分　類	形　状	名　称	特　徴
カットパイル		ベロア	密度の高いパイル，ベルベット調のテクスチャー，パイル長5〜6ミリ。
		ブラッシュ	フラットな表面，微妙な色の変化と深みがある，パイル長7〜10ミリ。
		ハードツイスト	強い撚りをかけたパイル，耐久性大，パイル長7〜10ミリ。
		サキソニー	ヒートセットした撚糸を使用，パイル長15〜20ミリ。
		シャギー	毛足が長く太いパイル，装飾性が高い，パイル長30ミリ以上。
ループパイル		レベルループ	フラットな表面，耐久性大。
		マルチレベルループ	パイルにランダムに高低がある。
		ハイローループ	2段階の高低のループ，立体感がある。
カット&ループ		レベル	パイル長がフラットな表面。
		ハイ&ロー	パイル長を変えて立体感を表現。

　糸がおのおの織物の長さおよび幅方向に平行する平織，斜行する斜紋織・しゅす織などがある。また，これらを一重織・二重織（縦横どちらかまたは両方が二重または二重以上のもの）・パイル織（縦または横糸の一部の片面または両面がタオルのようになっているもの）などがある。表14・1にパイル織のテクスチャー（織り方）を示す。

　(c)　**編　物**　メリヤスまたは羊毛編みのように，一本の糸をからみ合わせてできたものである。

　また，天然繊維である布に対して，ナイロン・アクリル・ポリエステルなどの合成繊維がある。合成繊維は，天然繊維に比べて耐久性・防虫性・防カビ性に優れる反面，難燃性・保温性・吸湿性に劣る。

14・2・2　用　　　途

（1）　**カーペット**

　カーペットは，保温・保湿性，吸音・防音性，歩行性などの特性をもったインテリア材料として現代の建築に欠かせないものとなっている。代表的なカーペットの種類とその特徴をまとめると図14・4のようになる。なお，床仕上材料としての繊維製品の総称として，カーペットの代わりにじゅうたん（絨毯）と呼ぶ場合もある。

（2）　**カーテン**

　カーテンは目隠し・日よけ・遮光および装飾などを目的とするものである。昼間の光を取り入れつつプライバシーを保護するためには木綿・麻・合成繊維などのレースが用いられる。昼間の光を遮ったり，夜のプライバシーを保護するためには厚手のカーテンであるドレープなどが用いられる。カーテンの分類を表14・2に示す。

　日よけおよび遮光用の**ブラインド**には，軽金属またはプラスチック製のベネチアンブラインド（横型ブラインド）やバーチカルブラインド（縦型ブラインド）

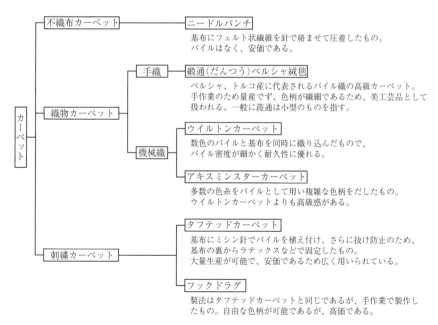

図14・4　カーペットの種類と特徴

表14・2　カーテンの分類

生地による分類	ドレープ	重厚感のある厚手のカーテン地。高い密度で織られているため装飾性が高く、また遮光性・遮蔽性・防音性・断熱性など様々な機能を備えている。
	プリント	綿等の比較的フラットに仕上げた無地の生地に、後から柄をプリントしたもの。
	レース	透明感のある薄手のカーテン地。
	ケースメント	ドレープとレースの中間的なカーテン地。
素材による分類	ポリエステル	カーテン繊維の主流。丈夫で、光沢感があり、ドレープ性（やわらかく波打つ感じ）にも優れる。ただし、帯電しやすく、汚れやすい。
	アクリル	代表的繊維。軽量で保温性に優れ、帯電性・吸水性が小さいため汚れがつきにくい。ただし、熱に弱くて燃えやすい。（難燃加工品もある）
	レーヨン（再生繊維）	安価で、光沢があり、加工が容易。ただし、しわがよりやすく、また耐久性が若干小さい。
	綿（自然素材）	丈夫で安価、染色性がよい。ただし、太陽の日差しに弱く変色しやすいことと、洗濯で縮んでしまう。

が多く用いられるようになってきた。また、上部の巻き上げ装置でスクリーンを昇降させる**ロールスクリーン**も使用されている。

14・3　草　　　　類

14・3・1　畳

　図14・5のように、畳（JIS A 5902）は**畳床**（たたみどこ）・**畳表**（たたみおもて）・**畳縁**（たたみべり）からなっていて、畳床のないものをござまたは薄べりという。我が国古来からの床敷材料で、保温性・弾力性・触感などに優れている。反面、耐久性に乏しく、吸じん性・吸湿性・可燃性を有する。

（1）畳　　　床

　伝統的な稲わら畳床と、ポリスチレンフォームやインシュレーションボード等を積層した化学畳床がある。**稲わら畳床**（JIS A 5901）は、約40cmに積層した稲わらを厚さ5cmほどに圧縮し、縫い合わせたものである。層を直交させながら積層されており、4〜6層が一般的である。高級品は7層で重量があり、縫い目間隔が短いものほどしっかりしている。ダニ対策として防虫処理が必要であり、

熱風乾燥（70℃前後），防虫加工紙の使用，薬剤処理などが行われる。

　一方，**化学畳床**には心材にポリスチレンフォームやタタミボード（インシュレーションボード）を使い，その上下を稲わらで挟んだ**稲わらサンドイッチ畳床**（JIS A 5901）のほか，稲わらを用いない**断熱建材畳床**（JIS A 5914）がある。現在では，軽量で扱いやすいこと，虫害の心配が少ないこと，稲わらの減少などの理由から，建材畳床が多く使われている。それぞれの畳床の代表的な構成を図14・7に示す。

（2）**畳　　表**

　い草を原料としている。い草には，さらっとした肌触りや独特の香りがあり，最初は濃い緑色であるが，数ヶ月で色褪せて目になじんでくる。長いい草を使用して密に織られた畳表ほど上級品である。また，い草を織るための**経糸**（たていと）に麻糸を用いたものと，綿糸

図14・5　畳 の 構 成

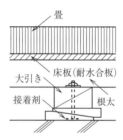

図14・6　畳の床組み

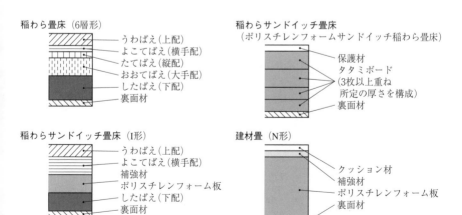

図14・7　畳床の種類と構成

を用いたものがある。麻糸を用いたものは上級品であり，耐久性にも優れている。

　主な産地は，熊本（肥後），福岡（筑後），佐賀（肥前），広島（備後），岡山（備前），高知（土佐），石川（小松）などであるが，これらの産地ではい草栽培の農家が減少しており，現在は畳表の約6割は中国産のい草である。また，**琉球表**は草が太く強い。

⑶ **畳　　縁**

　畳表の長手縁をい草と直交して縁どっている布である。麻・木綿・絹および麻と木綿の交織で，色調には，黒・茶・紺・かき・なんど・うぐいすおよびねずみなどがあり，無地・織出し・なっ染の柄物などがある。最近では，ビニル製のものもある。また，畳へりのないものを**坊主畳**という。琉球表を用いたときは，坊主畳にすることが多い。

⑷ **畳の寸法**

　1枚の畳の寸法としては，表14・3に示す断熱建材畳床の標準寸法（JIS A 5914）がある。

表14・3　断熱建材畳床の標準寸法による区分

区　　　　分			記号a)
長　さ	幅	厚さb)	
2000	1000	55，50，45，40，35，30	100W
1940	970	55，50，45，40，35，30	97W
1850	940	55，50，45，40，35，30	94W
1820	910	55，50，45，40，35，30	91W

注a)　100Wは本間（京間又は関西間），94Wは三六間（中京間），91Wは五八間（江戸間又は関東間）の標準寸法に該当する。
注b)　表中の畳床の厚さの標準寸法は，畳床I形，II形及びIII形では，表面は保護材仕様とする。クッション材仕様の場合には，3 mm加えた値を畳床の厚さの標準寸法とする。

（JIS A 5914：2023による）

14・3・2　む　し　ろ

　い草やわらなどの草で編んだ敷物である。代表的なものにござがある。じゅうたんと同じように使われたり，畳の上敷などとして用いられる。普通の寸法は，幅×長さが90×180（cm）である。花などの模様を織り込んだものもあり，これを花ござという。

14・4　ビ　ニ　ル　類

14・4・1　ビニル壁紙

　ビニル壁紙は，ポリ塩化ビニルを主原料とし，ビニルを軟らかくして加工・成型しやすくする可塑剤・充てん材などを加え，普通紙または難燃紙で裏打ちする。現在，日本の壁紙生産の約9割を占めている。表面には，プリント，発泡，エンボス（型押し）などの加工が施され，数多くの種類が生産されている。安価であり，施工性・耐水性・耐薬品性に優れる。反面，冷たい質感を有し，通気性に乏しいという欠点がある。また，近年では塩化ビニル焼却時にダイオキシン，塩化水素ガスを発生することや，可塑剤，印刷インキの溶剤，難燃剤などの化学物質がシックハウス症候群の原因となることが指摘されるようになり，その対策が行われている。

14・4・2　ビニル系タイル床材

　ビニル樹脂に可塑材や充てん材を加えたものであり，メンテナンス性・施工性などに優れていることから，オフィス，学校，商業施設などに広く用いられている。大きさは300×300 mm～450×450 mmのものが多い。ビニル系タイル床材は次の3種類に分類される。

(a)　**ホモジニアスビニル床タイル**　ビニル樹脂・可塑材・安定剤からなるバインダーの含有率を30%以上としたものである。歩行感，耐摩耗性に優れる。反面，耐熱性に劣り，低温時には反りが生じることもある。接着剤を下地に塗布し，施工を行う。

(b)　**コンポジションビニル床タイル**　バインダーの含有率を30%未満としたものである。接着剤を下地に塗布し，施工を行う。半硬質と軟質がある。半硬質は耐熱性・耐薬品性に優れ，変形や反りも生じにくい。反面，硬い材質であるため，歩行感，耐摩耗性に劣る。軟質は半硬質のものよりもビニル樹脂の構成比率を高め，歩行感，耐摩耗性の改善を図ったものである。エンボス加工を施した製品もある。

(c)　**置敷きビニル床タイル**　フリーアクセスフロアなどの上に接着せずに敷き詰めるタイルである。容易にはく離ができ，かつ再施工が可能である。

14・4・3　ビニル系シート床材

　ビニル系タイル床材と同様に広く用いられている。シート幅は1800〜2000 mmのものが多い。中間層に発泡層があるタイプとないタイプがある。発泡層があるタイプは，保温性・断熱性・衝撃吸収性に優れ，歩行感もよい。また，これをクッションフロアと呼ぶこともある。

第15章
リフォーム
Reform

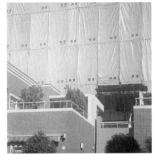

集合住宅のリフォーム
（防音性の囲いを使う）

　近年，建物のストックが増加し，新築とならんで既存建築物のリフォームが重要となっている。リフォームを実施することにより，住環境の改善，建物の耐久性の向上，建物の耐震性の向上などが図れるが，これらに関連する建築材料学的な知識は今後重要となる。

15・1　リフォームの内容

　建築物は，水分，熱，紫外線，荷重などの様々な外的作用によりその基本性能が低下していくため，定期的な建築物のリフォームが必要になる。リフォームには，1）安全性の確保，2）衛生性の確保，3）機能性の確保，4）快適性の確保，5）資産価値の増大，などの意義がある。

　リフォームという言葉は，日本では補修・改修などを意味するが，和製英語であり，英語のreformは，改革・改正・洋服の直しなどを意味する。英語で補修・改修を意味する言葉には，リペアー（repair），リニューアル（renewal），リハビッシュ（refurbish），リハビリテーション（rehabilitation），リモデリング（remodeling）などがある。

　建築物の劣化現象には，**物理的劣化**と**社会的劣化**の二つがある。前者は，建築物を構成する材料・部位の物理的な劣化であり，熱・雨・災害などの物理的な作用が原因となり，建築材料の性能が大きく関係する。後者は，建築物の構成要素が陳腐化し社会に対応できないような場合であり，間取り，計画，デザインの陳腐化，設備機器の不効率化などがある。建築物のリフォームはこれらを回復することを意味する。

15・2　木構造のリフォーム

15・2・1　木構造の物理的劣化

　木構造の物理的劣化を防ぐためには，1) 屋根，壁などの**雨漏り**の防止，2) 浴室など水まわり室の**防水性能**の維持，3) 床下の**通風**の維持，などが重要となる。雨漏りに関しては屋根は早期発見が可能であるが，壁は雨水が滞留しやすい。水まわり室の防水性はシーリング・防水シートの劣化を防ぐことが重要であり，設計時の配慮が必要である。床下の通風に関しては，基礎の換気口を腐食させない，物を置かないなどの配慮が必要である。

　特に劣化が生じやすい部分は，雨水の停滞しやすい部分でこれには，1) 外壁同士の取り合い部，2) バルコニーと外壁の間，3) テラス，外壁と基礎の間，4)

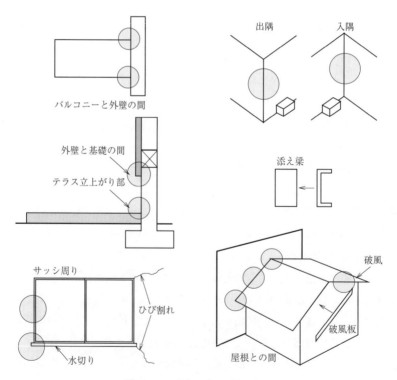

図15・1　劣化が生じやすい部分

サッシまわり，5）出隅，入隅部分，6）屋根との間，破風，7）雨樋部分，8）換気口などがある。

　雨仕舞が関係する材料のおおよその**改修年数**は，鉄部塗装が5～10年，外壁塗装が10～15年，シーリングが10～15年であるが，いずれも設計および材料の品質に依存し，より長期の耐久性とすることも可能である。特に庇などで雨がかりを避けることで寿命は大きく延びる。

15・2・2　各種材料の劣化現象およびリフォームの方法

（1）外壁材料

　外壁モルタル仕上げは，ひび割れが発生しやく，樹脂注入，塗替えにより補修する。外壁サイデイング材は変色による劣化が多く，塗装か劣化が進んだ場合は張り直す。板張りは，すきま，はがれがあり，塗装または張り直す。せっこうボードには割れが見られ，シーリングにより補修するか張り直す。タイルは目地割れ，タイル割れを起こし，目地用セメント，シーリング材などを注入するか張り直す。

（2）内壁材料

　湿式内壁仕上材料はひびわれ，カビが見られ，樹脂注入，カビ取り剤などにより補修する。乾式内壁仕上材料はすきま，しわ，カビが見られ，パテづめ，張り直し，カビ取り剤などにより補修する。

（3）床材料

　畳は面ずれ，すきまなどの劣化があり，床板調整，畳換えなどによる。カーペットは段差が生じ，床板調整，スペーサーなどで補修する。床のたわみ，床鳴りの場合は束，根太などの床組材料の交換が必要である。

（4）部材の不具合

　床（梁）のたわみには，梁の交換，形鋼による梁の補強（**添え梁**，図15・1）が必要である。外壁の傾斜の場合は，柱の交換，筋かいの補強，耐力壁の新設，火打ち梁の新設が必要である。基礎の沈下の場合は，基礎をジャッキアップし耐圧板を挿入するか，**グラウト**（セメント液）剤を注入し基礎を固める。

15・3 鉄筋コンクリート構造のリフォーム

15・3・1 鉄筋コンクリート構造の物理的劣化

　鉄筋コンクリート構造の劣化現象には，コンクリートの**凍結融解作用**，アルカリ骨材反応，化学的浸食，塩害などがあるが，コンクリートの中性化に伴う**鉄筋腐食**が最も一般的な劣化現象である。コ

ンクリートの水和物はアルカリ性であるが，空気中の炭酸ガスの影響で徐々に炭酸カルシウムとなり中性化する。中性化により内部鉄筋が腐食し構造性能が低下する。コンクリートの中性化の判定は，断面に**フェノールフタレイン水溶液**を噴霧して行う。コンクリートがアルカリ性の部分は赤色を呈し，中性化した部分は無色となる。また，コンクリート自体の強度は**コアボーリング**，**リバウンドハンマー**（図15・2）などで評価する。

図15・2　コンクリートの圧縮強度を推定するリバウンドハンマー（シュミット・ハンマー）

15・3・2 コンクリートの劣化現象およびリフォームの方法

(1) ひび割れ，欠損，浮き

　ひび割れ幅を**クラックスケール**により計測し，細かなひび割れ（0.2 mm 以下程度）では**表面被覆剤塗布**とし，それ以上のひび割れでは**樹脂注入**あるいは**シール材注入**とする。0.5 mm 以上のひび割れは建築物に**不具合**が生じている可能性がある。コンクリートが膨らみ，鉄筋腐食がある場合，かぶり不足の可能性がある。コンクリート部を**はつり**（欠きおとし），**鉄筋防錆剤**を塗布し，モルタルで埋め戻す。コンクリートの欠損はコンクリート，モルタルなどで埋め戻す。タイル・モルタルの浮きは，**打診用ハンマー・赤外線撮影**などにより検知し，**アンカーピン打込み**，**樹脂注入**などで補修する。

(2) 漏　　水

　水かけ，気体注入などにより漏水箇所を探し，ひび割れには樹脂を注入し，防水層・シーリング剤が原因の場合は再施工する。屋根面からの漏水の場合，陸屋

根はアスファルト防水，シート防水，塗膜防水などにより，勾配屋根は，瓦，金属，スレート・シングル葺きなどで葺き直す。漏水には雨水の浸入の他に地中水が基礎から浸入する場合もある。内壁の結露，クーラーからの結露もある。

(3)　部材の不具合

壁・柱の**傾斜**は**下げ振り**により測定し，6/1000 以上は不具合事象となる。床のたわみは水準器・スケールで測定し，1/200 以上は不具合事象となる。これらの場合は，部材を補強するか，場合によっては，基礎などの詳細調査が必要となる。

基礎の沈下はレベル・水準器・メジャーなどで計測する。基礎の補強は躯体をジャッキアップし，杭圧入，耐圧板，グラウト注入などによる。

15・4　建築物のエイジング

建築物は，長い年月の間に，降雨，光，ほこりなどの影響で**汚れ**が進行し，材料表面の色が不均一に変化し，美観が悪くなる。汚れを防止するには，外壁面に雨を流さないように庇などを設ける，ディテールを工夫するなどがある。また，外壁材料の表面を汚れにくく，洗浄しやすくするためには，表面硬度を大きくする，凹凸を少なくするなどが重要である。

図15・3　外壁などの色を計測する非接触型色差計

建築物が年月の経過に伴い景観的な質が向上する働きを，建築物の**エイジング**（aging）と呼んでいる。古建築の中には，エイジング効果を得やすいものがあるが，一般的に，木材，石材，レンガ，銅板などの**天然材料**を用いると エイジング効果を得やすい。

建築物を長期間維持するためには，リフォームだけではなく，設計段階からエイジング効果を考えることも重要である。エイジング建築の条件には，1) **デザインがよい**，2) **汚れにくい材料**を使用，3) **不均一な汚れ**が生じにくいディテール・形態である，4) 用いた**素材**が年月とともに好ましく変化する，などがある。

15・5　カラーコーディネート

15・5・1　色 の 基 本

　建築物の新築およびリフォームでは，基本計画，材料選定の際に，**カラーコー**
ディネートも必要となる。そのためには**色彩の基礎的知識**が重要である。

　我々の目に色として認識される光は，波長380〜780nmの範囲で**可視光線**と呼
ばれる。その他，10〜380 nmのものを**紫外線**，780 nm〜1000 μ mのものを**赤外**
線または**熱線**という。日射，照明などの**光源**からの光を物体が一部吸収し，反射
した光が我々の目に入り，その波長特性を物体の色として認識する。

15・5・2　表 色 系

(1)　RGB 表色系

　赤（R），緑（G），青（B）を**光源色**
の**三原色**という。光源色の混合を**加法**
混色といい，(1)式の関係がある。テレ
ビなどの発色原理はこれによる。R，G，
B すべてを加えると白（W）となり，C

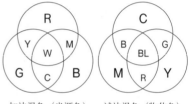

加法混色（光源色）　　減法混色（物体色）

図15・4　三 原 色

＝シアン，M＝マゼンタ，Y＝イエローと呼ぶ。

$$R+G=Y, \quad G+B=C, \quad B+R=M, \quad R+G+B=W \quad \cdots\cdots\cdots\cdots (1)$$

この概念式より(2)式が得られる。

$$Y=W-B, \quad C=W-R, \quad M=W-G \quad \cdots\cdots\cdots\cdots\cdots\cdots (2)$$

さらに，(3)式が得られるが，このようにお互いを加えると白になる色を**補色**と
いう。補色どうしは目立ちやすいという性質がある。

$$Y+B=W, \quad C+R=W, \quad M+G=W \quad \cdots\cdots\cdots\cdots\cdots (3)$$

C，M，Y を**物体色の三原色**といい，これらの混色を**減法混色**という。印刷等
の発色原理はこれによる。C，M，Y すべてを加えると黒（BL）となる。

$$Y+C=G, \quad M+Y=R, \quad C+M=B, \quad C+M+Y=BL \quad \cdots\cdots\cdots (4)$$

(2)　XYZ 表色系

　人間が感じる色刺激に基づいた物理量として**三刺激値** XYZ により色を表示す
る。Y - 刺激値は明るさを表す指標となる。$x=X/(X+Y+Z)$，$y=Y/(X+Y+Z)$ に
変換し，プロットしたものを**色度座標**といい **CIE** の**色度図**ともいう（図15・5）。

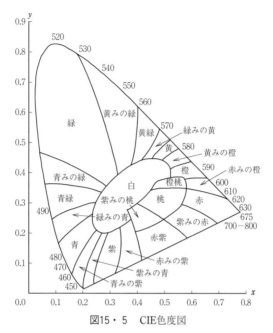

図15・5　CIE色度図

(3)　マンセル表色系

　色相（H, hue），**明度**（V, value），**彩度**（C, chroma）の**三属性**により，HV/C の形式で色を表し，日本産業規格（JIS）に採用されている。代表的な色を色票 にしたものを**マンセル色票**（口絵参照）といい，目視による測色に使われる。

(4)　オストワルト表色系

　白（W），黒（B），純色（F）の百分比で色を表す。

(5)　L*a*b*表色系

　人間の色差の感覚に合わせて XYZ 表色系の度度図の色感覚を等間隔に変換し たものである。色彩計測，色差の評価などに使われる。

(6)　P.C.C.S 表色系

　日本色彩研究所による配色体系で色彩調和に役立つ。色相とトーンによって色 を表示する（図15・6）。

15・5・3　色 彩 調 和 論

(1)　ムーン・スペンサーの色彩調和論

　マンセル表色系の等明度面において，該当色から左右に，同等（角度 0 度），

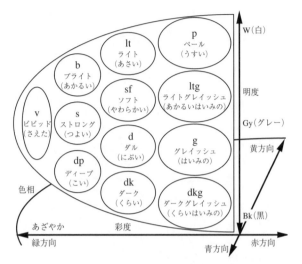

図15・6　トーンの分類

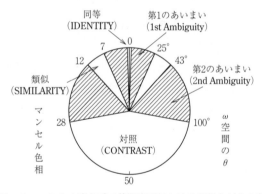

図15・7　マンセル表色系の等明度面における類似と対比の範囲

第1のあいまい，類似，第2のあいまい，対象の領域を定義し，あいまいの領域
は不調和，それ以外は調和とするもの（図15・7）。同様に，色相間隔，面積比，
美度なども定量化している。

(2) そ の 他

　D.B.ジャッドによってまとめられた配色調和の一般原理では，秩序の原理，な
じみの原理，類似性の原理，明瞭性の原理がある。M.E.シュルベールは，類似
の調和と対象の調和の考え方を示している。

付録　「建築材料（第五版）」　演習問題

　学習の参考に，「一級建築士」,「二級建築士」および，「インテリアコーディネーター」の最近の試験問題の中から，建築材料関係の問題をまとめて示した。

　建築士の材料別の出題傾向をみると，コンクリート，鋼材および木材などの構造材料関連が過半数を占め，残りが非構造材料関連となっている。構造や施工に関する知識も同時に必要とする問題もあるので，その分野の科目の学習も並行して行うことが大切である。建築士については，実際的・専門的知識を問う問題も少なくない。受験にそなえ，本書による基礎的学力の修得に加えて，実際的・専門的な材料関連情報の蓄積も忘れてはならない。

〔セメント・コンクリート関係〕
問題1.

　ポルトランドセメントに関する記述のうち，**最も不適当な**ものはどれか。

1. セメントは，湿潤状態において硬化が進行し，強度が増大する水硬性材料である。
2. セメントは粉末が微細なものほど，水和反応が速い。
3. セメントは，水和によって$Ca(OH)_2$が生成されるので，水和後のセメントはアルカリ性を示す。
4. 早強ポルトランドセメントを用いたコンクリートは，一般に，普通ポルトランドセメントを用いたコンクリートに比べて，水和熱が小さい。
5. 高炉セメントを用いたコンクリートは，普通ポルトランドセメントを用いたコンクリートに比べて，化学的浸食作用に対する抵抗性に優れている。

問題2.

　セメントとそれを使用するコンクリートとの組合せとして，**最も不適当な**ものは，次のうちどれか。

1. 早強ポルトランドセメント ――――― マスコンクリート
2. 低熱ポルトランドセメント ――――― 高強度コンクリート
3. 中庸熱ポルトランドセメント ―――― 高強度コンクリート
4. フライアッシュセメントB種 ―――― マスコンクリート
5. 高炉セメントB種 ――――――――― 海水の作用を受けるコンクリート

問題3.

コンクリートに関する次の記述のうち，**最も不適当なもの**はどれか。

1. コンクリートの線膨張係数は，常温時においては，鉄筋の線膨張係数とほぼ等しい。
2. スランプとは，スランプコーンを静かに鉛直に引き上げた後のコンクリート頂部中央の下がった寸法をいう。
3. コンクリートに用いる細骨材及び粗骨材の粒径は，いずれもできるだけ均一なものが望ましい。
4. AE剤によりコンクリート中に連行された微小な独立した空気泡は，耐凍害性を増大させる。
5. 普通コンクリートの気乾単位容積質量の標準的な範囲は，2,200〜2,400kg/m^{3}である。

問題4.

普通ポルトランドセメントを用いた普通コンクリートに関する調合設計の値として，**最も不適当なもの**は，次のうちどれか。ただし，計画供用期間の級が，短期・標準・長期の場合とする。

1. 単位水量を，200kg/m^{3}とした。
2. 単位セメント量を，300kg/m^{3}とした。
3. 水セメント比を，60％とした。
4. AE剤を用い，空気量を4.5％とした。
5. 塩化物量は，塩化物イオン量として0.2kg/m^{3}とした。

問題5.

コンクリートに使用する混和剤の効果に関する次の記述のうち，**最も不適当なもの**はどれか。

1. 高性能AE減水剤の使用により，単位水量を低減させるとともに，優れたスランプ保持性能を発揮させることができる。
2. 減水剤の使用により，硬化後のコンクリートの耐久性は低下するが，早期にコンクリートの強度を発揮させることができる。
3. 収縮低減剤の使用により，硬化後のコンクリートの乾燥収縮及び収縮ひび割れを低減させることができる。
4. 流動化剤の使用により，硬化後のコンクリートの強度や耐久性に影響を及ぼさずに，打込み時のフレッシュコンクリートの流動性を増大させることができる。
5. AE剤の使用により，フレッシュコンクリート中に微細な独立した空気泡が連行され，コンクリートのワーカビリティーと耐凍害性を向上させることができる。

問題6.

コンクリートの種類・強度に関する用語とその説明との組合せとして，**最も不適当なも**のは，次のうちどれか。

1. 普通コンクリート ————— 普通ポルトランドセメントを用いるコンクリート

2. 寒中コンクリート ————— 打込み後の養生期間に，コンクリートが凍結するおそれのある時期に施工されるコンクリート

3. 軽量コンクリート ————— 人工軽量骨材を一部または全部に用いるコンクリートで，単位容積質量を普通コンクリートより小さくしたコンクリート

4. 調合強度 ———————— コンクリートの調合を定める場合に目標とする平均の圧縮強度

5. 構造体コンクリート強度 — 構造体コンクリートが発現している圧縮強度

問題7.

建築工事に関する用語とその説明との組合せとして，**最も不適当なもの**は，次のうちどれか。

	用語	用語の説明
1.	スランプ	高さ30cmのスランプコーンにコンクリートを3層に分けて詰め，スランプコーンを引き上げた直後に計った平板から頂部までの高さの数値
2.	N値	標準貫入試験において，質量63.5kgのハンマーを76cm自由落下させて，SPT（試験用）サンプラーを地盤に30cm打ち込むのに要する打撃回数
3.	エコセメント	都市ごみを焼却した際に発生する灰を主原料とし，必要に応じて下水汚泥焼却灰等も用いて製造されるセメント
4.	リバウンドハンマー	コンクリートの表面を打撃したときの反発度を測定し，その反発度から圧縮強度を推定するための装置

問題8.

コンクリートの一般的な性質に関する次の記述のうち，**最も不適当なもの**はどれか。

1. コンクリートの圧縮強度が大きいものほど，ヤング係数は大きい。

2. コンクリートは，スランプの小さいものほど，分離しやすくなる。

3. 圧縮強度が大きくなるほど，圧縮強度に対する引張強度の割合は小さくなる。

4. 異形鉄筋を用いた場合のほうが，丸鋼の場よりも付着強度が大きい。

5. コンクリートは，水セメント比の小さいものほど，圧縮強度は大きくなる。

問題9.

断面積が7,850mm²のコンクリートの円柱供試体（圧縮強度試験用供試体）に荷重を加えて圧縮強度試験を行ったところ，314.0kNで最大荷重に達し，以降，荷重は減少し，282.6kNで急激に耐力が低下した。このコンクリートの圧縮強度として，**正しいもの**は，次のうちどれか。

1. 42N/mm²
2. 40N/mm²
3. 38N/mm²
4. 36N/mm²
5. 34N/mm²

問題10.

コンクリートに関する次の記述のうち，**最も不適当なもの**はどれか。

1. 局部圧縮を受けるときのコンクリートの支圧強度は，一般に，全面圧縮を受けるときの強度よりも大きい。
2. コンクリートは，空気中養生したものより，水中養生したもののほうが強度の増進が期待できる。
3. コンクリートのヤング係数は，一般に，コンクリートの圧縮強度が高いほど大きい値となる。
4. コンクリート供試体の圧縮強度は，形状が相似であれば，一般に，寸法の大きいものほど大きい。

問題11.

コンクリートに関する次の記述のうち，**最も不適当なもの**はどれか。

1. AE剤は，ワーカビリティーを向上させる。
2. 圧縮試験においては，荷重速度が速いほど大きい強度を示す。
3. 普通コンクリートの圧縮強度時のひずみ度は，1×10^{-2}程度である。
4. 常温における普通コンクリートの線膨張係数と一般の鋼材の線膨張係数は，ほぼ等しく，1×10^{-5}/℃程度である。

問題12.

普通コンクリート材料の性質に関する次の記述のうち，**最も不適当なもの**はどれか。

1. 硬化過程におけるセメントの水和熱による膨張変形は，発熱量が大きく放熱量が少ないほど大きい。

2. 常温におけるコンクリートの熱による膨張変形は，一般鋼材のそれとほぼ同じである。

3. 乾燥収縮による変形は，主として，コンクリート中の水分が蒸発することによって生じる。

4. 長期間の持続荷重によりクリープ変形が生じた場合，その荷重を取り除くと，コンクリートに生じた変形は荷重載荷前の状態に戻る。

問題13.

コンクリート工事に関する次の記述のうち，**最も不適当な**ものはどれか。

1. 普通コンクリートにおける構造体コンクリートの圧縮強度の検査については，「打込み日ごと」，「打込み工区ごと」，かつ，「1日の計画打込み量が150m³を超える場合は，150m³以下にほぼ均等に分割した単位ごと」に1回行った。

2. 流動化コンクリートに用いるベースコンクリートの単位水量は，一般に，185kg/m³以下とする。

3. 初期凍害のおそれのある寒中コンクリートにおいては，AE剤，AE減水剤又は高性能AE減水剤を使用し，空気量を3％以下とする。

4. 高強度コンクリートにおけるコンクリート中の塩化物イオン量の許容値については，鉄筋腐食に対する抵抗性が普通コンクリートと同等以上なので，0.30kg/m³以下とする。

問題14.

コンクリートに関する次の記述のうち，**最も不適当な**ものはどれか。

1. コンクリートの引張強度は，一般に，圧縮強度が大きいほど大きい。

2. コンクリートの中性化速度は，一般に，圧縮強度が大きいほど遅い。

3. 乾燥収縮によるコンクリートのひび割れは，一般に，単位水量が大きいほど発生しやすい。

4. 水和熱及び乾燥収縮によるコンクリートのひび割れは，一般に，単位セメント量が小さいほど発生しやすい。

問題15.

鉄筋コンクリート工事における鉄筋のかぶり厚さに関する次の記述のうち，**最も不適当**なものはどれか。

1. 柱の鉄筋の最小かぶり厚さは，帯筋の中心からコンクリート表面までの最短距離とした。

2.　基礎の鉄筋の組立てに当たって，鉄筋のかぶり厚さには，捨てコンクリート部分の厚さを含めなかった。

3.　壁に誘発目地を設けた部分については，目地底から最外側鉄筋までを必要な最小かぶり厚さとした。

4.　設計かぶり厚さは，必要な最小かぶり厚さに施工による誤差などを割増しした値とした。

5.　鉄筋のかぶり厚さを確保するために，鉄筋と型枠との間に十分な強度をもったスペーサーを入れた。

問題16.

コンクリートに関する次の記述のうち，**最も不適当な**ものはどれか。

1.　コンクリートのヤング係数は，一般に，圧縮強度が高いものほど大きい。

2.　アルカリ骨材反応によるコンクリートのひび割れは，骨材中の成分がセメントペースト中に含まれるアルカリ分と反応し，骨材が膨張することによって生じる。

3.　水セメント比が小さいコンクリートほど，中性化速度は遅くなる。

4.　コンクリートの線膨張係数は，常温時において，鉄筋の線膨張係数とほぼ等しい。

5.　コンクリートの耐久設計基準強度は，計画供用期間の級が「標準」の場合より「長期」の場合のほうが小さい。

問題17.

表は，コンクリートの調合表の一部である。この表によって求められる事項と計算式との組合せとして，**最も不適当な**ものは，次のうちどれか。ただし，いずれの計算式もその計算結果は正しいものとする。

単位水量	絶対容積（ℓ/m³）			質量（kg/m³）		
(kg/m³)	セメント	細骨材	粗骨材	セメント	細骨材	粗骨材
180	95	290	390	300	740	1,060

（注）　質量における細骨材及び粗骨材は，表乾（表面乾燥飽水）状態とする。

1.　細骨材の表乾密度（g/cm³）——　$\frac{740}{290}$ ［≒2.55］

2.　水セメント比（%）——　$\frac{180}{300}\times100$ ［＝60.0］

3.　空気量（%）——　$\frac{1,000-(180+95+290+390)}{1,000}\times100$ ［＝4.5］

4.　練上がりコンクリートの ────── 180 + 300 + 740 + 1,060〔= 2,280〕
　　単位容積質量（kg/m³）

5.　細骨材率（%）───────── $\dfrac{740}{740 + 1,060} \times 100$〔≒ 41.1〕

〔鋼材関係〕

問題18.

鋼材に関する次の記述のうち，**最も不適当なもの**はどれか。

1.　常温における鋼材のヤング係数は，SS400材よりSN400材のほうが大きい。

2.　長さ10mの棒材は，常温においては，全長にわたって断面に一様に100N/mm³の引張応力を生ずる場合，約5mm伸びる。

3.　鋼材の硬さは，引張強さと相関があり，ビッカース硬さ等を測定することにより，その鋼材の引張強さを推定することができる。

4.　鋼材は，炭素含有量が多くなると，一般に，溶接性が低下する。

5.　建築構造用耐火鋼（FR鋼）は，一般の鋼材よりも高温時の強度を向上させ，600℃における降伏点が常温規格値の2/3以上あることを保証した鋼材である。

問題19.

鋼材に関する次の記述のうち，**最も不適当なもの**はどれか。

1.　鋼材は，炭素含有量が多くなっても，ヤング係数はほぼ同じ値となる。

2.　鋼材の熱伝導率は，ステンレス鋼よりも大きい。

3.　鋼材の降伏比（＝降伏応力/引張強さ）は，小さいほうが降伏後の余力が大きい。

4.　鋼材の降伏点は，温度が300〜400℃程度で最大となり，それ以上の温度になると急激に低下する。

5.　異形棒鋼SD345の降伏点の下限値は，345N/mm²である。

問題20.

鋼材に関する次の記述のうち，**最も不適当なもの**はどれか。

1.　鋼材の引張強さは，炭素含有量が0.8%前後のときに最大となる。

2.　一般の鋼材の引張強さは，温度が200〜300℃程度で最大となり，それ以上の温度になると急激に低下する。

3.　鋼材は，希薄アルカリ性の環境のもとでは，腐食しにくい。

4.　鋼材の線膨張係数は，常温において，普通コンクリートの線膨張係数の約10倍である。

5.　鋼材の比重は，アルミニウム材の約3倍である。

問題21.

鋼材等の種類の記号とその説明との組合せとして，**最も不適当なもの**は，次のうちどれか。

1. SN490C ————————— 建築構造用圧延鋼材の一種
2. SS400 ————————— 一般構造用角形鋼管の一種
3. SNR400B ————————— 建築構造用圧延棒鋼の一種
4. SM490A ————————— 溶接構造用圧延鋼材の一種
5. BCP235 ————————— 建築構造用冷間プレス成形角形鋼管の一種

問題22.

鉄筋工事に関する次の記述のうち，**最も不適当なもの**はどれか。ただし，設計図書に特記がないものとする。

1. ガス圧接継手において，加熱中に火炎に異常が生じたが，鉄筋の圧接端面相互が密着した後であったので，火炎を再調節して作業を継続した。
2. JIS規格品のD19の異形鉄筋について圧延マークを確認したところ，突起の数が1個であったので，SD295と判断した。
3. スラブの主筋と配力筋との交差する鉄筋相互の結束については，その交点の半数以上について行うことを標準とした。
4. ガス圧接継手の超音波探傷試験において，試験の箇所数については，1検査ロットに対し30か所とし，検査ロットから無作為に抜き取ることとした。

問題23.

鋼材に関する次の記述のうち，**最も不適当なもの**はどれか。

1. 軟鋼は，炭素含有量が多くなると硬質になり，引張強さが大きくなる。
2. 鋼材は，一般に，炭素含有量が多くなると，溶接性が低下する。
3. 鋼を製造するときに生じる黒錆（黒皮）は，鋼の表面に被膜を形成するので，一定の防食効果がある。
4. 異形棒鋼SD345の引張強さの下限値は，345N/mm²である。
5. 建築構造用ステンレス鋼材（SUS304A材等）は，一般構造用圧延鋼材（SS400材等）の炭素鋼に比べて，耐食性に優れている。

〔木材関係〕

問題24.

建築材料として使用される木材に関する用語とその説明との組合せとして，**最も不適当なもの**は，次のうちどれか。

1.　木裏 ——— 板目または追柾の板などを採材したときの樹皮側の面
2.　目切れ ——— 製材品の繊維方向が，長さ方向に平行ではなく，木目が途切れること
3.　丸身 ——— 縁に樹皮の部分などが存在する製材品
4.　死節 ——— 枝が枯れた状態で，樹幹に包み込まれてできた節で，まわりの組織と連続性がなく，大きな欠点となる部分
5.　辺材 ——— 樹幹の外側の特異な着色がなく，一般に，立木の状態で含水率が高い部分

問題25.

木材及び木質系材料に関する次の記述のうち，**最も不適当な**ものはどれか。
1.　木材の曲げ強度は，一般に，気乾比重が大きいものほど大きい。
2.　木材の木裏は，一般に，木表に比べて乾燥収縮が大きいので，木裏側が凹に反る性質がある。
3.　LVLは，日本農林規格（JAS）において「単板積層材」と呼ばれ，主として各層の繊維方向が互いにほぼ平行となるように積層接着されたもので，柱，梁等の線材に使用される。
4.　CLTは，日本農林規格（JAS）において「直交集成板」と呼ばれ，各層の繊維方向が互いにほぼ直角となるように積層接着されたもので，床版，壁等の面材に使用される。

問題26.

建築材料として使用される木材に関する次の記述のうち，**最も不適当な**ものはどれか。
1.　木材の乾燥収縮率は，繊維方向より年輪の接線方向のほうが大きい。
2.　含水率が繊維飽和点以下の木材において，膨張・収縮は，ほぼ含水率に比例する。
3.　木材の強度は，一般に，含水率の減少に伴い増大し，繊維飽和点を下回るとほぼ一定となる。
4.　木材の基準強度の大小関係は，一般に，曲げ＞引張り＞せん断である。
5.　単板積層材（LVL）は，一般に，単板の繊維方向を互いにほぼ平行にして積層接着したものである。

問題27.

木材に関する次の記述のうち，**最も不適当な**ものはどれか。
1.　木材の弾性係数は，一般に，含水率が繊維飽和点から気乾状態に達するまでは，含水率が小さくなるに従って小さくなる。

2.　積雪時の許容応力度計算をする場合，木材の繊維方向の短期許容応力度は，通常の短期許容応力度を所定の割合で減じた数値とする。

3.　木材の熱伝導率は，普通コンクリートに比べて小さい。

4.　木材の腐朽は，木材腐朽菌の繁殖条件である酸素・温度・水分・栄養源のうち，いずれか一つでも欠くことによって防止することができる。

問題28.

木材及び木質系材料に関する次の記述のうち，**最も不適当な**ものはどれか。

1.　集成材は，大きな断面や長い材を得るのが容易で，乾燥による割れまたはく𝑢るいを生じにくく，強度のばらつきも少ない。

2.　普通合板は，木材を薄くむいた単板を互いに繊維方向を直交させて積層接着させたもので，異方性の少ない面材である。

3.　木材に，ある限度以上の一定荷重を継続して載荷しておくと，時間とともに変形が増大する。

4.　木材の収縮率の大小関係は，一般に，繊維方向＞年輪の半径方向＞年輪の円周方向である。

問題29.

建築材料として使用される木材に関する次の記述のうち，**最も不適当な**ものはどれか。

1.　木材の強度は，一般に，含水率の増加に伴い低下し，繊維飽和点を超えるとほぼ一定となる。

2.　木材の乾燥収縮率は，繊維方向より年輪の接線方向のほうが大きい。

3.　木材の腐朽菌は，酸素，温度，水分または栄養源のうち，いずれか一つの条件を満たすと繁殖する。

4.　心材は，一般に，辺材に比べてシロアリなどの食害を受けにくい。

5.　木材の強度は，曲げヤング係数の値が大きくなると高くなる。

問題30.

建築材料として使用される木材及び木質系材料に関する次の記述のうち，**最も不適当な**ものはどれか。

1.　耐蟻性の高い心材をもつ木材には，あかまつ，べいつが等がある。

2.　木材の強度は，一般に，含水率の増加に伴い低下するが，繊維飽和点以上では，ほぼ一定である。

3.　単板積層材（LVL）は，厚さが3mm程度の単板を繊維方向がほぼ平行となるようにして積層接着したものである。

4.　インシュレーションボード，MDF及びハードボードは，繊維板（ファイバーボード）の一種である。

5.　背割りは，心持ち材の乾燥に伴って生じる割れの防止に有効である。

〔非構造材料関係〕

問題31.

建具・ガラス工事に関する次の記述のうち，**最も不適当な**ものはどれか。

1.　熱線反射ガラスの清掃は，ガラス表面の反射膜に傷を付けないように，軟らかいゴム，スポンジ等を用いて水洗いとした。

2.　ガラスブロック積みにおいて，壁用金属枠の外部に面する下枠の溝には，径8mmの水抜き孔を1.5m間隔に設けた。

3.　水掛り部分におけるアルミニウム製建具枠の取付けは，仮留め用のくさびを取り除き，モルタルを充填した。

4.　防煙垂れ壁に，フロート板ガラスを使用した。

5.　高さが1.9mの一般的な木製開き戸の取付けに当たって，木製建具用丁番を2枚使用した。

問題32.

ガラスに関する次の記述のうち，**最も不適当な**ものはどれか。

1.　熱線吸収板ガラスは，可視光線や太陽放射熱を吸収する目的で用いられる。

2.　フロート板ガラスは，表面の平滑度が高く採光性，透視性に優れている。

3.　SSG（ストラクチュラル・シーラント・グレイジング）構法は，構造シーラントを用いて，板ガラスを支持部材に接着固定する構法である。

4.　合わせガラスは，複数枚の板ガラスを，専用スペーサーを用いて一定間隔に保ち，中空部に乾燥空気を封入したもので，断熱性が高く，ガラス表面の結露防止に有効である。

5.　強化ガラスは，衝撃強度や曲げ強度を高くしたもので，割れても破片は鋭角状にならないガラスである。

問題33.

ガラスに関する次の記述のうち，**最も不適当な**ものはどれか。

1.　網入り板ガラスは，板ガラスの中に金網を封入したガラスで，強度は同程度の厚さのフロート板ガラスに比べて低い。

2.　型板ガラスは，片面に型模様を付けたガラスで，装飾のためや，透視を避けるために用いられる。

3. 熱線吸収板ガラスは，ガラスの片面または両面に金属酸化膜をコーティングしたガラスで，太陽光線を反射して冷房負荷を軽減する。

4. 倍強度ガラスは，フロート板ガラスに熱処理を施し強度を増したもので，割れると大きな破片となるため，脱落しにくい。

5. ガラスブロックは，内部の空気が低圧となっているため，フロート板ガラスに比べて，一般に，断熱性や遮音性が優れている。

問題34.

ガラス工事に関する次の記述のうち，**最も不適当な**ものはどれか。

1. バックアップ材は，サッシ下辺のガラスはめ込み溝内に設けるものであり，ガラスの自重を支持する材料である。

2. 倍強度ガラスは，フロート板ガラスを熱処理した加工ガラスであり，同厚のフロート板ガラスに比べて，約2倍の耐風圧強度がある。

3. 強化ガラスは，フロート板ガラスを熱処理してガラス表面に強い圧縮応力層をつくり，破壊強さを増加させたものであり，破損時の破片は，細粒状となる。

4. 冷房負荷の軽減効果がある熱線吸収板ガラスは，フロート板ガラスに比べて，熱応力による熱割れが生じやすいので，厚さ8mm以上の場合，熱割れ計算の検討が必要である。

問題35.

建築材料に関する次の記述のうち，**最も不適当な**ものはどれか。

1. 合成樹脂調合ペイントは，耐候性に優れ，木部及び鉄部の塗装に用いられる。

2. エポキシ樹脂は，接着性，耐薬品性，耐水性に優れ，コンクリート構造物の補修に用いられる。

3. 強化ガラスは，同じ厚さのフロート板ガラスより強度が高く，割れても破片が粒状になるので，安全性が高い。

4. しっくいは，消石灰にすさ・のり・砂などを混ぜて水で練ったものであり，水と反応して固まる水硬性の材料である。

5. 花こう岩は，圧縮強度が大きく，耐摩耗性も高いので，外装材に用いられる。

問題36.

建築物に用いられる高分子材料に関する次の記述のうち，**最も不適当な**ものはどか。

1. 積層ゴムは，薄いゴムシートと鋼板とを交互に積層接着したもので，免震支承に用いられる。

2. 硬質塩化ビニル樹脂は，耐久性に優れることから，雨樋などの配管材に用いられる。

3. エポキシ樹脂は，接着性が高く硬化収縮率が低いことから，コンクリートのひび割れ補修に用いられる。

4. 押出法ポリスチレンフォームは，耐火性に優れることから，延焼のおそれのある外壁下地に用いられる。

5. シアノアクリレート系接着剤は，被着体表面の微量の水分と接触して瞬間的に硬化することから，迅速な作業が求められる場合に用いられる。

問題37.

建築物の伝熱に関する次の記述のうち，**最も不適当な**ものはどれか。

1. 冬期において，二重サッシの間の結露を防止するためには，屋外側よりも室内側のサッシの気密性能を高くするとよい。

2. 室内の壁表面における自然対流熱伝達率は，壁表面と室内空気との温度差が大きくなるほど高くなる。

3. 繊維系断熱材は，含水率が増加すると水の熱伝導抵抗が加わるので，断熱性能が向上する。

4. 複層ガラスにおいて，Low－Eガラスを屋外側に用いると，室内側に用いる場合に比べて遮熱性が高まる。

〔インテリア関係〕

問題38.

カーペットに関する次の記述の ☐ 部分に，それぞれの語群の中から**最も適当な**ものを選べ。

1 手織りカーペットの一種である ア は，基布のたて糸1本1本に，パイルを手で絡ませて結びつけ，カットしながら織っていく。量産できず，高価な美術工芸品の意味合いが強い。

【語群】1．プレデッドマット　　2．三笠織　　3．緞通

2 機械織りカーペットの一種である イ は，18世紀半ばの英国発祥で，19世紀に入りジャガード自動柄出し装置をつけて2～5色使いの柄物ができるようになった。

【語群】1．ウィルトン　　2．ラッセル　　3．スプール

3 機械織りカーペットの一種である ウ は，多色使いが可能で，花柄，モザイク柄などの複雑な柄の高級カーペットとしてホテルの宴会場などで使用される。

【語群】1．ダブルフェイス　　2．フックドラグ　　3．アキスミンスター

4　刺繍カーペットの一種である　エ　は，20世紀にアメリカで開発され，従来の織りカーペットに比べ大量生産が可能になり，カーペットの普及に貢献した。

【語群】　1．ボンデッド　　　　2．ニードルパンチ　　　　3．タフテッド

問題39.

ビニル床シートに関する次のア～エの記述に対して，それぞれの下に記した語群の中から**最も適当なもの**を選べ。

ア　ビニル床シートの特徴

【語群】　1．耐水性が高い　　　2．熱に強い　　　3．掃除がしにくい

イ　ビニル床シートの代表的な幅寸法

【語群】　1．500～600mm　　　2．1800～2000mm　　　3．2500～3000mm

ウ　クッションフロアシートの特徴

【語群】　1．表面のテクスチャー加工ができない

　　　　2．重量物を置くとへこみができる

　　　　3．厚さ1.8mmのものは主に店舗に利用される

エ　長尺ビニル床シートの特徴

【語群】　1．耐薬品性が低い　　　2．中間に発泡層がある　　　3．溶接が可能

問題40.

換気に関する次の記述の　　　部分に，それぞれの語群の中から**最も適当なもの**を選べ。

1　厚生労働省が指針値を定めている室内空気汚染物質のひとつで，シックハウス症候群の原因物質として代表的なものは　ア　である。

【語群】　1．浮遊粉塵　　　2．一酸化炭素　　　3．ホルムアルデヒド

2　建築基準法のシックハウス対策における内装仕上げの使用面積制限において，使用面積の制限がないのは　イ　の建材である。

【語群】　1．F☆☆　　　2．F☆☆☆　　　3．F☆☆☆☆

〔色彩関係〕

問題41.

色彩に関する次の記述のうち，**最も不適当なもの**はどれか。

1．マンセル表色系では，無彩色以外の色彩を5RP3/8のように表示し，5RPが色相，3が彩度，8が明度を示す。

2．オストワルト表色系では，理想的な黒，理想的な白，及びオストワルト純色を定義し，これらの混合によって実在の色彩は表示できるとしている。

3．XYZ表色系は，色感覚と分光分布の対応関係に基づくものである。

4.　XYZ表色系における三刺激値X，Y，ZのうちのYは，光源色の場合には光束など
の測光量に対応している。

問題42.

照明・色彩に関する次の記述のうち，**最も不適当なもの**はどれか。

1.　演色性は，照明光の種類によって変化する視対象の色の見え方を表す特性であ
り，視対象の色そのものによって影響を受ける。

2.　XYZ表色系において，xy色度図上の原点に近い色は青であり，x方向への増大で
次第に赤，y方向への増大で次第に緑が強くなる傾向をもつ。

3.　マンセル表色系において，7.5YR8/5と表現される色を「もう少し明るい色にし
たい」ときには，7.5YR9/5などと表現する。

4.　視認性は，対象とするものがはっきり見えるか否かという特性であり，視対象と
背景の色との間で，色相，明度，彩度の差が大きくなれば視認性が向上し，特に明
度差の影響が大きい。

問題43.

色彩に関する次の記述のうち，**最も不適当なもの**はどれか。

1.　マンセル表色系において，マンセルバリューが5の色の視感反射率は，一般に，
約20%である。

2.　減法混色とは，複数の色光を混ぜ合わせて別の色の知覚を生じさせることをい
い，もとの色の数が増加するほど明るくなる。

3.　LED等の人工光源から発せられる光は，相関色温度が等しくても，異なる光色に
知覚される場合がある。

4.　XYZ表色系における三刺激値X，Y，Zのうち，Yは，反射物体の色の場合には，
視感反射率を示す。

〔融合問題〕

問題44.

改修工事等に関する次の記述のうち，**最も不適当なもの**はどれか。

1.　アスファルト防水層を密着工法により新設する防水改修工事において，新設する
防水層の1層目のルーフィング張りまで行ったので，作業終了後のシートによる降
雨に対する養生を省略した。

2.　軽量鉄骨天井下地を新設する内装改修工事において，既存の埋込みインサートに
ついては，確認試験により荷重400Nで引き抜けないことを確認したうえで，再使
用した。

3. かぶせ工法による建具改修工事において，既存の鋼製建具の枠の厚さが1.3mm以上残っていることを確認したうえで，既存の建具の外周枠の上から新規金属製建具を取り付けた。

4. 建築物の劣化診断方法において，コンクリートの中性化深さの調査を，電磁波レーダ法により行った。

問題45.

建具・ガラス工事に関する次の記述のうち，**最も不適当な**ものはどれか。

1. 外部に面する網入り板ガラスには，縦小口（下端から1/4の高さまで）及び下辺小口に，防錆テープを貼り付けた。

2. アルミサッシの取付けにおいて，部材の寸法を切り詰めたので，モルタルに接する部分に，ウレタン樹脂系の塗料を用いて絶縁処理を行った。

3. アルミサッシがモルタルに接する部分は，サッシの保護塗膜をはがして付着性を高めた。

4. 防煙垂れ壁には，網入り板ガラスを使用した。

5. アルミサッシへの板ガラス（厚さ6mm）のはめ込みに当たって，グレイジングビードを用いた。

問題46.

各種工事に関する次の記述のうち，**最も不適当な**ものはどれか。

1. タイル後張り工法におけるタイル面の清掃において，モルタルによる汚れが著しいときは，監理者の承認を得て，30倍程度に希釈した工業用塩酸を用いて酸洗いを行った。

2. 外部に面する建具に網入り板ガラスを用いる場合，下端ガラス溝については，直径6mmの水抜き孔を2か所設けた。

3. 銅板葺屋根に取り付ける軒樋については，耐候性を考慮して，溶融亜鉛めっき鋼板製のものとした。

4. シーリング工事において，充填したシーリング材をへら仕上げの後，直ちにマスキングテープを除去した。

問題47.

建築材料に関する次の記述のうち，**最も不適当な**ものはどれか。

1. パーティクルボードは，木材などの植物質繊維を加圧成形した板材で，耐火性に優れている。

2. タイルのうわ薬には，表面からの吸水や透水を少なくする効果がある。

3. 異種の金属材料間に水分があると電食作用が生じやすい。

4. ALCパネルは，軽量で，耐火性及び断熱性を有するが，吸水率が高いので，寒冷地では凍害を受けるおそれがある。

5. グラスウール断熱材は，吸湿によってグラスウール表面がぬれると，断熱性が低下する。

問題48.

建築材料に関する次の記述のうち，**最も不適当な**ものはどれか。

1. 花こう岩は，磨くと光沢が得られ，耐火性に優れている。

2. 大理石は，磨くと光沢が得られるが，耐酸性に劣る。

3. 合わせガラスは，破損による脱落や飛散を防ぐことができる。

4. せっこうは，火災時に結合水が蒸発することによって熱を奪うので，防火性を有する。

5. 銅板などのイオン化傾向の小さい金属材料に接する鋼材は，腐食しやすい。

問題49.

建築材料に関する次の記述のうち，**最も不適当な**ものはどれか。

1. 酢酸ビニル樹脂系の接着剤は，木質系下地材にプラスチック床材を接着する場合に用いられる。

2. せっこうボードは，耐衝撃性に優れているので，階段室や廊下の床仕上げ材として用いられる。

3. ポリサルファイド系のシーリング材は，コンクリート壁のタイル張りの目地材として用いられる。

4. インシュレーションボード（軟質繊維板）は，防音性及び断熱性に優れているので，内壁の下地材や畳床として用いられる。

5. ALCパネルは，軽量で，耐火性に優れているので，鉄骨の耐火被覆材として用いられる。

問題50.

建築材料とその用途との組合せとして，**最も不適切な**ものは，次のうちどれか。

1. チタン ─────────── 屋根材

2. シージングせっこうボード ─── 湿気の多い場所の壁下地材

3. グラスウール ───────── 断熱材

4. インシュレーションボード ─── 吸音材

5. 化粧せっこうボード ────── 浴室の天井

「建築材料（第五版）」　演習問題解答・解説

〔セメント・コンクリート関係〕

問題1　（答4）

早強ポルトランドセメントの方が，普通ポルトランドセメントに比べて水和熱が大きい。

問題2　（答1）

早強ポルトランドセメントは，水和熱が大きいためマスコンクリートには適さない。

問題3　（答3）

いろいろな粒径が混ざりあっているほど実積率が大きくなり，単位水量を小さくできる。

問題4　（答1）

普通コンクリートの単位水量は，185 kg/m³以下とし，所定の品質が得られる範囲内で，できるだけ小さくする。

問題5　（答2）

コンクリート強度が向上すると，耐久性も向上する。

問題6　（答1）

普通コンクリートは，普通骨材を用いるコンクリート。

問題7　（答1）

スランプは，スランプコーンを引き上げた直後に測った頂部からの落ち込みで表す。

問題8　（答2）

コンクリートは，スランプが大きいと軟らかいコンクリートになり，分離しやすくなる。

問題9　（答2）

圧縮強度は，314.0 kNの最大荷重を供試体の断面積7,850 mm²で割り，40 N/mm²となる。

問題10　（答4）

寸法が大きいほど，圧縮強度は小さい値となる。

問題11　（答3）

普通コンクリートの圧縮強度時のひずみ度は，$1.5 \sim 3.0 \times 10^{-3}$（0.15～0.3%）程度である。

問題12　（答4）

長期荷重を取り除いても，荷重載荷前の変形状態には戻らない。

問題13　（答3）

寒中コンクリートは，凍結融解作用を緩和するため空気量を増やし，目標空気量は4.5～5.5%とする。

問題14　（答4）

単位セメント量が小さいほど，水和熱および乾燥収縮は小さく，ひび割れが発生しにくくなる。

問題15　（答 1）

　かぶり厚さは，コンクリート表面から最も近い鉄筋表面までの距離である。

問題16　（答 5）

　コンクリートの耐久性は強度に比例し，コンクリートの耐久設計基準強度は，「標準」の場合より「長期」の場合の方が大きい。

問題17　（答 5）

　細骨材率は質量比ではなく容積比で求め，以下となる。

$$\frac{290}{290+390}\times 100 \ (\fallingdotseq 42.6\%)$$

〔鋼材関係〕

問題18　（答 1）

　鋼材のヤング係数は，鋼材の種類に関係なく205000 N/mm²である。

問題19　（答 4）

　鋼材の降伏点は，温度が高くなるほど低下する傾向にある。4は，引張強さの傾向である。

問題20　（答 4）

　鋼材の線膨張係数（熱膨張係数）はコンクリートの線膨張係数と等しく，約1.0×10^{-5}/℃である。

問題21　（答 2）

　SS400は，一般構造用圧延鋼材である。

問題22　（答 2）

　突起の数1個は，SD345であり，SD295には圧延マークはない。

問題23　（答 4）

　異形棒鋼SD345の数字は，降伏点の下限値を表す。

〔木材関係〕

問題24　（答 1）

　板目において，樹皮に近い面を木表，樹心に近い面を木裏という。

問題25　（答 2）

　木表は木裏に比べて乾燥収縮が大きく，木表側が凹に反る。

問題26　（答 3）

　木材の強度は，繊維飽和点以上の含水率でほぼ一定となる。

問題27　（答 1）

　木材の弾性係数は，含水率が気乾状態から繊維飽和点に達するまでは，含水率が小さくなるに従って大きくなる。

問題28　（答 4 ）

木材の収縮率の大小関係は，一般に，年輪の円周方向＞年輪の半径方向＞繊維方向である。

問題29　（答 3 ）

木材の菌は，酸素・温度・水分・栄養源の 4 条件を満たすと繁殖する。

問題30　（答 1 ）

あかまつ，べいつが等の針葉樹は，広葉樹に比べ耐蟻性に劣る。

〔非構造材料関係〕

問題31　（答 4 ）

防煙垂れ壁には，破損したときの落下防止の観点から，網入板ガラスまたは線入板ガラスを使用するのが一般的である。

問題32　（答 4 ）

合わせガラスは安全ガラスの一種で， 2 枚のガラスの間に薄いフィルムを挿入して密着させたガラスである。設問は，複層ガラスの説明である。

問題33　（答 3 ）

熱線吸収板ガラスは，熱線吸収効果を高めるため，ガラス原料に金属を加えて着色したガラスである。設問は，熱線反射ガラスの説明である。

問題34　（答 1 ）

バックアップ材は，ガラスはめ込み溝の側面とガラスとの間の面クリアランス部に連続して挿入し，ガラスを固定するとともにシール打設時のシール受けの役目をする副資材である。設問は，セッティングブロックの説明である。

問題35　（答 4 ）

しっくいの主原料である消石灰（水酸化カルシュウム）は，主に空気中の炭酸ガスと反応し強度を発現するため，水硬性ではない。

問題36　（答 4 ）

ポリスチレンフォームは，耐火性に劣る。

問題37　（答 3 ）

含水率が増加すると，熱伝導率が大きくなり，断熱性能は低下する。

〔インテリア関係〕

問題38

設問 1　ア： 3 ．段通　　設問 2　イ： 1 ．ウィルトン　　設問 3　ウ： 3 ．アキスミンスター　　設問 4　エ： 3 ．タフテッド

問題39

設問ア　 1 ．耐水性が高い　　設問イ　 2 ．1800〜2000 mm　　設問ウ　 2 ．重量物を

置くとへこみができる　　設問エ　3．溶接が可能

問題40

設問1　ア：3．ホルムアルデヒド　　設問2　イ：3．F☆☆☆☆

〔色彩関係〕

問題41　（答1）

マンセル表色系において，5RP3／8は，5RPが色相，3が明度，8が彩度を表す。

問題42　（答1）

演色性とは，照明による物体色の見え方を決定する光源の性質であり，視対象の色そのものによる影響は受けない。

問題43　（答2）

減法混色では，混ぜる色の数が増加するほど物体への吸収光が増加し，反射光は減少し黒色に近づく。

〔融合問題〕

問題44　（答4）

中性化深さの調査は，コンクリートの断面にフェノールフタレイン溶液を噴霧して，赤色に変化しない部分を中性化の範囲と判定する。

問題45　（答3）

アルミニウムは，モルタルと接触するとモルタルのアルカリ分によって腐食しやすいため，保護塗膜をはがしてはならない。

問題46　（答3）

異種金属を接触させると，水分などの介在物がある場合，イオン化傾向の差によって電流が流れ，イオン化傾向の大きい金属が腐食する。

問題47　（答1）

パーティクルボードは，耐火性に劣る。

問題48　（答1）

花こう岩は，600℃程度で強度が低下するため，耐火性に劣る。

問題49　（答2）

せっこうボードは，耐水性・耐衝撃性に劣る。

問題50　（答5）

化粧せっこうボードは，耐水性に劣るため，一般に，浴室の天井に用いられることはない。

付表1　単位の換算表① （太線で囲んである単位がSI単位（国際単位系））

	N	kgf
力	1	1.01972×10^{-1}
	9.80665	1

	N/m^2	kN/mm^2	N/mm^2	kgf/cm^2
応	1	1×10^{-3}	1×10^{-6}	1.01972×10^{-5}
	1×10^3	1	1×10^{-3}	1.01972×10^{-2}
力	1×10^6	1×10^3	1	1.01972×10
	9.80665×10^4	9.80665×10	9.80665×10^{-2}	1

注．1 Pa＝1 N/m^2

	$W/(m \cdot K)$	$kcal/(h \cdot m \cdot ℃)$
熱伝導率	1	8.600×10^{-1}
	1.16279	1

注．1 N/m^2＝1 Pa，1 N/mm^2＝1 MPa

	$J/(kg \cdot K)$	$kcal/(kg \cdot ℃)$　$cal/(g \cdot ℃)$
比　熱	1	2.3889×10^{-4}
	4.18605×10^3	1

注．1 cal＝4.18605J（計量法による）

付図1　イオン化傾向

大 ← ——————————————————————— → 小

| K | Ca | Na | Mg | Al | Mn | Zn | Fe | Ni | Cd | Sn | Pb | (H) | Cu | Hg | Ag | Pt | Au |

付表2 単位の換算表②

	cm	in	寸	尺	ft	yd	m	間
長	1	0.394	0.330					
	2.540	1	0.838					
	3.030	1.193	1	0.100				
	30.30	11.93	10.00	1	0.994			
さ	30.48	12.00	10.06	1.006	1	0.333	0.305	0.168
	91.44	36.00	30.2	3.018	3.000	1	0.914	0.503
	100	39.4	33.18	3.318	3.281	1.094	1	0.550
	181.8	71.58	60.00	6.000	5.965	1.988	1.818	1

	ℓ	升	gal(米)	斗	米バレル	m³
体	1	0.554	0.264	0.055		
	1.804	1	0.476	0.100		
	3.785	2.103	1	0.379		
積	18.04	10.00	2.642	1		
					1	0.119
					8.387	1

	カラット (ct)	g	オンス (oz)	ポンド (lb)	kg	貫	トン(t)
質	1	0.200					
	5.000	1	0.035				
	141.7	28.35	1	0.063	0.028		
量		453.5	16.00	1	0.454	0.121	
		100	35.27	2.205	1	0.267	
			132.3	8.261	3.750	1	
					1000	266.7	1

付表3　建築材料の主な物性比較表

	材料名	おもな用途	気乾密度 (g/cm³)	吸水率 (wt%)	熱伝導率 (W/m·K)
木材	すぎ	建築一般・建具	0.3 ～ 0.4		0.12
	ひのき	高級建築用一般・建具	0.4 ～ 0.5		0.12
	ひば	土台・床束・大引	0.4 ～ 0.5		0.12
	あかまつ	杭・梁・敷居・根太・たる	0.5 ～ 0.6		0.12
	えぞまつ	建築一般・建具	0.4 ～ 0.5		0.12
	けやき	家具・建具・うちのり材	0.5 ～ 0.8		0.17
	チーク	建具・造作材・家具	0.5 ～ 0.8		0.12
	レッドラワン	建具・造作材・家具	0.5 ～ 0.6		0.12
	かし	せん・はぞ・柄	0.8 ～ 0.9		0.23
	まだけ	装飾・こまい	0.7 ～ 1.1		0.15
木質材料	合板（ベニヤ）	仕上材・吸音材・工事用材	0.5		0.12
	軟質繊維板	内装材	0.2 ～ 0.3	～ 0.05	0.06
	半硬質繊維板	内装材・下地材・家具	0.4 ～ 0.8		0.14
	硬質繊維板	内装材・下地材・外装下地	0.8 ～ 1.1	～ 30	0.17
	パーチクルボード	甲板	0.6 ～ 0.7		0.12
	木毛セメント板	下地材	0.4 ～ 0.5		0.12
金属	一般鋼材（軟鋼）	建築用棒鋼・形鋼	7.9	0	53
	鋳鋼	柱脚・接合部	7.9	0	53
	ステンレス板	水回り・装飾金物	7.9	0	16
	鉛	給排水管・衛生設備	11.4	0	35
	アルミニウム板	屋根材・軽量構造・サッシ	2.8	0	209
	銅板	屋根材・とい	8.9	0	371
	亜鉛合金板	建築金物・装飾	7.1	0	128
	亜鉛鉄板	トタン・板材・屋根材	7.8	0	46
	ピアノ線	PC鋼材	7.8	0	
	アモルファス金属線	防食被覆材	7.2	0	
石材	花こう岩	構造材・装飾用	2.6 ～ 2.7	0.1 ～ 0.5	3.13
	安山岩	間知石・割り石	2.5 ～ 2.6	1.5 ～ 3.5	3.13
	凝灰岩	木造基礎・石垣	2.0 ～ 2.7	20 ～ 30	1.39
	砂岩	基礎・石垣	2.5 ～ 2.7	5 ～ 15	3.13
	粘板岩	スレート屋根材	2.8 ～ 2.8	0 ～ 1	3.13
	石灰岩	骨材・セメント原料	2.7 ～ 2.8	0.1 ～ 9	3.13
	大理石	室内装飾用	2.7 ～ 2.7	0.05 ～ 0.2	3.13
ガラス	普通ガラス	窓材・採光材	2.6 ～	0	0.78
セメント系	モルタル	壁下地材・目地材	2.2	8 ～ 15	1.39 ～ 1.51
	軽量コンクリート	構造材	1.6 ～ 1.9	7 ～ 25	0.46 ～ 0.75
	普通コンクリート	構造材・打放し仕上げ	2.3	5 ～ 8	1.39 ～ 1.51
	高強度コンクリート	構造材・高層RC	2.3 ～ 2.5		1.51 ～ 1.74
	ALC	壁下地材	0.6	60 ～ 80	0.17
樹脂	塩化ビニル樹脂	板・タイル・管・塗料	1.1 ～ 1.4	0.3 ～ 0.75	0.12 ～ 0.29
	ポリエステル樹脂	シート・浴槽・塗料	1.4	0.06 ～ 0.28	
	アクリル樹脂	採光板・塗料・補強材	1.3	0.3 ～ 0.5	
	メラミン樹脂	化粧板・塗料・接着剤	1.5	0.1 ～ 1.3	0.29 ～ 0.70
	エポキシ樹脂	接着剤・塗料・補修材	1.1 ～ 1.4	0.1 ～ 0.4	0.17 ～ 1.28
	シリコーン樹脂	接着剤・塗料	1.4 ～ 2.0	0.1 ～ 0.5	
	ウレタン樹脂	発泡品・塗料・接着剤	1.0 ～ 1.3	0.02 ～ 1.5	0.29 ～ 0.35
ゴム	クロロプレンゴム（合成）	防水材・シーリング・ルーフィング	1.2		0.20 ～ 0.21
	エチレンプロピレンゴム（合成）	防水材・シーリング・ルーフィング	0.9		
	天然ゴム	床用タイル・シート	0.9		
左官材料	しっくい	壁仕上材	1.3		0.75
	せっこうプラスター	壁仕上材	2.0		0.81
	土壁	壁材	1.3		0.70
ボード類	せっこうボード	壁下地材・天井材	0.9		0.17
	石綿スレート	下地材・壁材	1.5		1.16
粘土製品	施釉磁器質タイル	内外装仕上げ	2.3	～ 0.5	1.62
	陶器質タイル	内装仕上げ	1.8	14	0.81
	いぶし瓦	屋根材	2.0	9.0	
	施釉瓦	屋根材	2.1	6.0	1.04
	れんが	仕上材・壁材料	0.8 ～ 2.0	8 ～ 16	0.16 ～ 0.70

1）本表は代表的な建築材料の基本物性を比較するためにつくられたものである。物性値のバラツキの大きな材料では，おおよその範囲を示した。したがって本文の値の範囲と異なる場合もある。従って設計計算等の実用的な基準値の参考には不適切なものも含まれる。それらは専門書を参照されたい。より詳しい特性は本文を参照のこと。

2）比較表作成にあたっては後述する参考文献のデータを抜粋，平均化，丸めた。

比熱 (J/kg·K)	圧縮強度 (N/mm²)	引張強度 (N/mm²)	曲げ強度 (N/mm²)	ヤング率*1×1000 (N/mm²)		比強度*2 (N/mm²)	材料名
1260	25～45	50～75	30～75	7～8	b	100	すぎ
1260	30～40	85～160	50～90	9～10	b	85	ひのき
1260	35～55	55～100	35～85	～		90	ひば
1260	35～55	85～180	35～110	10～11	b	85	あかまつ
1260	30～45	85～140	40～80	9～10	b	90	えぞまつ
1260	50～65	85～160	80～125	12～14	b	90	けやき
1260	35～40	90～100	70～80	6～7	b	70	チーク
1260	55～65	160～180	100～110	10～11	b	115	レッドラワン
1260	70～80	220～250	125～140	16～18	b	90	かし
	70～90	100～350	50～300	10～20	b	90	まだけ
1260	20	7～15	10～50	0.5～3	b	40	合板（ベニヤ）
1260		0.5～1.6	1～3	0.8～0.4	b	5	軟質繊維板
1680		18～22	25～35	2.5～3.5	b	30	半硬質繊維板
1260		20～40	30～50	4～5	b	30	硬質繊維板
1260	20	10	20	～3	b	15	パーチクルボード
1680							木毛セメント板
440	460	460		～21	t	58	一般鋼材（軟鋼）
440	530	530		～21	t	34	鋳鋼
510	700	700				89	ステンレス板
130	9～23	9～23		～4	t	1	鉛
880	210	210		～7	t	75	アルミニウム板
380	245	245		～12	t	28	銅板
420	225	225		～8	t	16	亜鉛合金板
420～470	30～50	30～50		～21	t	5	亜鉛鉄板
		3000		～20	t	192	ピアノ線
		3300		～15	t	458	アモルファス金属線
880	130～170	4～8	11～16			55	花こう岩
880	80～120	3～7	7～12			40	安山岩
930	6～15	0.8～1.5	1～2.3			5	凝灰岩
840	130～120	2.6～2.8	8～10			30	砂岩
880	100～200					55	粘板岩
880	60～150					40	石灰岩
880	100～140					45	大理石
760	900	50	40～80	50～80	c	350	普通ガラス
800	20～40	2～4	3～7	2～2	c	15	モルタル
1010	15～25	1.5～2	2～3	15～2	c	10	軽量コンクリート
880	15～36	1.5～2.5	2～4	15～2	c	10	普通コンクリート
800	40～	2～6	3～10	25～5	c	30	高強度コンクリート
1090	4	0.5	1	2	c	5	ALC
2520～7960	78～85	35～63	90～105	1～4	t	65	塩化ビニル樹脂
2930～3350	120～140	21～63	90～130	2	t	95	ポリエステル樹脂
		42～77	98～120	2～3	t	45	アクリル樹脂
1180～18840	15～300	49～91	63～120	8～14	t	160	メラミン樹脂
1050～3350	90～125	28～85	90～140	2～30	t	85	エポキシ樹脂
50～420	85～140	25～35	42～80	10～21	t	65	シリコーン樹脂
3770～5030	50～100	30～75	10～60	1～7	t	65	ウレタン樹脂
		15～29				20	クロロプレンゴム（合成）
		7～25				20	エチレンプロピレンゴム（合成）
		20～40				30	天然ゴム
1050							しっくい
840			0.9～3				せっこうプラスター
840							土壁
1130							せっこうボード
1220							石綿スレート
840		10～25	20～50	45	c	10	施釉磁器質タイル
1300		5～12	13～30	21	c	5	陶器質タイル
760			13	18	c		いぶし瓦
760			13	21	c		施釉瓦
840	20～70					30	れんが

3）表中の注釈は以下のとおりである。
  ＊1　圧縮試験（c），引張試験（t），曲げ試験（b）でのヤング率
  ＊2　圧縮強度平均値／比重平均値で示す。圧縮強度の表示がないものは引張強
　　　度で計算。数値にばらつきがあるものは5単位で丸めた。

① 建築材料の主な物性

気乾密度　材料を大気中で乾燥させた状態の質量をその材料の空隙を
　　　　　含めた見掛けの容積で除した値

吸 水 率　材料が内部に吸収する水の質量を材料の乾燥質量で除した
　　　　　値

熱伝導率　単位面積・単位時間・単位長さ当たりの温度差のとき材料
　　　　　内 2 点間を流れる熱量

比　　熱　ある物質 1kg の温度を 1 K 上昇させるのに必要な熱量

圧縮強度　材料が圧縮力を受けた時の最大圧縮力をその材の断面積で
　　　　　除した値

引張強度　材料が引張力を受けた時の最大引張力をその材の断面積で
　　　　　除した値

曲げ強度　材料が曲げ応力を受けた時の最大曲げ応力

ヤング係数　材料の応力度とひずみの関係を表す比例定数

比 強 度　材料の強度をその材料の比重で除した値

② 物性比較表での参考文献

1)「建築材料・工法ハンドブック」 狩野春一監修・著，地人書館

2)「建築材料ハンドブック」 岸谷孝一編，技報堂出版

3)「建築材料ハンドブック」 朝倉書店

4)「建築材料（4訂版)」 市ヶ谷出版社

5)「建築材料（3訂版)」 実教出版

6)「建築材料」 理工図書

7)「建築学大系13，建築材料学」 彰国社

8)「デザイナーのための内外装材チェックリスト」 1994年版，彰国社

9)「木材工学辞典」 日本材料学会，泰流社

10)「木材工業ハンドブック（改訂3版)」 林業試験場監修，丸善

11)「建築設計資料集成（1環境)」 日本建築学会，丸善

12)「化学便覧応用編（改訂3版)」 丸善

13)「空気調和衛生工学便覧」 空気調和衛生工学会

口絵写真
・東京国際フォーラム
・日光東照宮陽明門：遠藤 崇 世界文化フォト
・桂離宮：登野城 弘 世界文化フォト

索　　引

〔著　者〕

橘高義典：Yoshinori　Kitsutaka

　　　1980年　東京工業大学建築学科卒。
　　　現　在　東京都立大学 名誉教授，工学博士。

杉山　央：Hisashi　Sugiyama

　　　1987年　東京工業大学建築学科卒。
　　　現　在　宇都宮大学 教授，工学博士。

建築材料（第五版） （肩書きは，第五版発行時）

1976 年	4 月	28 日	初 版 発 行
1995 年	11 月	22 日	第二版 発 行
2003 年	1 月	27 日	第三版 発 行
2010 年	10 月	4 日	第四版 発 行
2024 年	6 月	18 日	第五版 印 刷
2024 年	7 月	10 日	第五版 発 行

　　　　　著 者　　橘　高　義　典
　　　　　　　　　　杉　山　　　央
　　　　　発行者　　澤　崎　明　治

　　　　　　　　　（印刷）星野精版印刷（株）
　　　　　　　　　（製本）三省堂印刷（株）

　　　　　発行所　　株式会社　市ケ谷出版社
　　　　　　　　　　東京都千代田区五番町 5
　　　　　　　　　　電　話　03-3265-3711（代）
　　　　　　　　　　Ｆ Ａ Ｘ　03-3265-4008
　　　　　　　　　　http://www.ichigayashuppan.co.jp

ⓒ 2024　　　ISBN978-4-86797-002-7